세종사람 김수현

세종사람 **김수현**

민주주의와 행정수도, 멈추지 않는 길

김수현 산문집

詩와에세이

작가의 말

세종사람 김수현

충남 연기군 남면 보통리 325번지. 그곳이 제 본적이며, 세종시 출범과 함께 '남면'은 '연기면'으로 바뀌었습니다.

부모님 결혼 7년 만에 얻은 장남, 집안의 장손으로 저는 큰사랑과 축복 속에 태어났습니다. 초등학교 교사로 부임하신 지 얼마 되지 않아 저를 얻은 아버지는 "세상을 다 가진 것처럼 행복했다"라고 늘 말씀하시곤 했습니다.

아버지, 어머니, 두 여동생과 함께 살던 시절은 평화롭고 따뜻했습니다. 사랑과 겸손이 넘치는 부모님께 저는 삶의 길과 품격을 배웠고, 지금도 두 분은 가장 든든한 버팀목이 되어 주십니다. 여동생들에게는 장남으로 모든 사랑을 독차지한 것 같아 미안하지만, 늘 변함없는 애정과 응원을 보내주는 그 마음에 깊이 고마울 따름입니다.

할아버지께서는 농사와 함께 마을 이장으로 집안을 일으키셨으나, 제가 두 살 되던 해에 세상을 떠나셨습니다. 그때부터 아버지가 집안의 가장이 되셨습니다.

광산김씨 가문은 보통리 2리에 집성촌을 이루고 살았습니다. 유년시절, 명절과 제사 때마다 온 집안이 함께 모였던 기억은 지금도 아득히 따뜻하게 떠오릅니다.

조치원의 소년

조치원 명동초등학교에 입학하여 3학년 때는 잠시 연남초로 전학했다가 다시 명동초로 돌아와 졸업했습니다. 남리 골목과 조천 모래사장, 명동초 운동장과 조치원 시장통은 제 꿈의 무대였습니다.

공부도 열심히 했고, 100m 달리기는 학교 대표로 나설 만큼 잘했습니다. 축구는 반별·학교별 경기를 주도할 정도였고, 운동을 좋아하던 아이였습니다.

조치원중학교 시절엔 공부와 운동에 매진했습니다. 전교 상위권 성적을 유지했고, 초등학교 때부터 컸던 키는 훌쩍 커져 축구뿐 아니라 농구, 배구, 야구에도 열정을 쏟으며 땀을 흘렸습니다. 그 무렵 연습장에 '나는 누구인가'를 적어두고 사색에 잠기곤 했습니다. 사춘기 소년에게 인생과 존재에 대한 탐구가 시작된 순간이었습니다.

명석고에서 충남대까지

대전 명석고 2기로 입학했습니다. 신설 학교라 운동장 정비를 직접

했던 기억, 학교의 명성을 높이고자 뜨거웠던 선생님들의 교육열이 아직도 생생합니다. 엄격한 규율 속에서 평생의 친구들을 만났고, 반장을 맡아 학교를 대표하기도 했습니다.

대학에 들어서며 꿈은 언론인이었습니다. 언론학과가 없어 가장 가까운 학문인 정치외교학과를 택했고, 4기로 입학했습니다. 만약 학생운동에 전념하지 않았다면, 지금쯤 언론인 김수현으로 살고 있을지도 모릅니다.

민주주의자 김수현

그러나 그 시대는 청춘의 낭만을 허락하지 않았습니다. 5·18 광주민주화운동의 진실을 접했을 때 분노와 충격은 말로 다할 수 없었습니다. 국가와 인간에 대한 회의는 학생운동가, 민주주의자 김수현을 낳았습니다.

전역 이후 과학생회장, 사회대 학생회장, 총학생회장, 충청총련 의장을 맡으며 운동의 최전선에 섰습니다. 그 대가로 1년 6개월간 수감 생활을 겪기도 했습니다.

출옥 후에는 대전참여자치시민연대에서 활동했고, 세종시 출범 이후 세종참여자치시민연대를 창립해 초대 사무처장을 맡았습니다. 세종YMCA, 세종YWCA와 함께 세종시민사회단체연대회의를 만들어 초대 집행위원장을 맡았고, 각종 선거와 현안에 대응했습니다.

세종시 출범 이후 최초로 진보와 보수를 아우르는 초정파적 연대체인 행정수도완성세종시민대책위를 구성해 집행위원장으로 활동하며, 행정수도 완성을 향한 전선을 넓혀 갔습니다.

행정수도 야전사령관 김수현

2004년, 헌법재판소의 '신행정수도 위헌 결정'은 충청권 민심을 뒤흔들었습니다. 저는 신행정수도범충청권협의회와 신행정수도지속추진범대전시민연대의 사무국장으로 뛰며 2005년 행정중심복합도시특별법 제정을 이끌어냈습니다.

세종시 백지화 위기의 순간, 수정안 논란의 소용돌이 속에서도 저와 동지들은 끝내 세종시 출범을 지켜냈습니다.

세종시 출범 이후에도 행정수도 개헌, 대통령 세종집무실, 국회 세종의사당 건립, 자족기능 확충 등 숱한 고비를 넘어야 했습니다. 저는 행정수도완성세종시민대책위 집행위원장, 세종시국가균형발전지

원센터장, 국가균형발전과 국회 세종의사당 건립을 위한 범국민비상대책위 사무처장, 행정수도완성시민연대 공동대표를 맡아 야전사령관으로 전선을 지켜냈습니다.

담대한 변화, 새로운 세종

민주주의자이자 행정수도 야전사령관으로 살아온 길은 성취와 질곡이 함께한 여정이었습니다. 그러나 시민사회운동만으로는 근본적 변화를 이끌 한계가 있다는 사실도 절감했습니다.

민주주의와 행정수도, 이 두 축이 세종에서 살아 움직이기 위해서는 시민의 위임을 받아 제도와 집행을 움직여야 한다는 결심에 이르렀습니다.

세종시가 세계적인 행정수도로 도약하고, 풀뿌리 시민민주주의의 성지가 되도록, 저는 담대한 변화와 혁신을 앞장서 실현하겠습니다. 변화의 바람은 낮고 아프고 그늘진 곳에서 시작될 것입니다.

2025년, 저는 더민주세종혁신회의 상임대표로서 활동했고, 제21대 대통령선거에서는 더불어민주당 세종시당 공동선거대책위원장과 중앙당 국민승리위원장을 맡아 '진짜 대한민국' 건설과 이재명 정부

의 출범 여정에 함께했습니다. 행정수도 세종을 향한 변화와 혁신은
이미 힘차게 시작되었습니다.

가족과 동지들에게

이 책은 2005년부터 2025년까지 언론에 기고한 글을 모았습니다.
돌아보니 제가 걸어온 길은 민주주의와 행정수도였습니다. 민주주의
자로서 30년, 행정수도와 국가균형발전의 길도 20년을 훌쩍 넘겼습
니다. 부족했지만 시대정신에 복무한 영광의 길이었습니다.

언론의 편집 방향과 달라 실리지 못한 글도 담았습니다. 글은 기고
시점이 다르지만, 민주주의와 행정수도와 함께한 제 정체성을 증언
하는 생생한 보고서가 되리라 생각합니다.

부족한 원고에 생명력을 불어넣어 책으로 빛을 보게 해주신 시와
에세이 양문규 대표님과 편집부에 감사드립니다.

그리고 제 꿈과 도전을 함께 짊어지고, 그 고단한 길을 묵묵히 걸
어온 가족과 동지들께 이 책을 바칩니다.

2025년 가을

김수현

추천사

不立志眞傀
人不知不傀

뜻을 세우지 못함이
참으로 부끄러움이요
사람들이 알아주지 않는 것은
부끄러운 것이 아니다.

　사방을 돌아봄에 참으로 사람이 귀한 세상이다. 서로 자기가 잘났다
고 모두가 다 잘난체하는 이때에 참으로 잘난 사람은 보기 어렵다는 뜻
이다. 그럼 세상에 잘난 사람이 없는가? 그렇지 않다. 모두가 잘난체하
다 보니 그 가운데 옥과 잡석을 구별하기 어려울 뿐이다. 잘난 사람, 좋
은 사람, 쓸만한 사람은 있다. 그것을 보는 눈들이 부족하여 알지 못할

뿐이다. 하여 여기 참으로 훌륭한 사람이 있어 내 만인 앞에 소개하고자 한다. 이 사람 김수현은 학창 시절 학생운동으로 민주화에 앞장서고 다시 학교를 졸업하고도 줄곧 이곳 세종시 지역사회에서 열심히 지역운동을 해온 사람이다. 우리 지역에서는 이 만한 사람이 없을 것이다. 그러니 모두 이 사람 마음 어질고 진실한 이 사람을 찬찬히 살펴봐주기를 바란다.

경원사 주지 · 전 세종참여자치시민연대 상임대표 **효림 스님**

추천사

　민주주의와 행정수도 완성을 위해 한결같은 길을 걸어온 김수현 상임대표께서 그동안의 사유와 실천을 한 권의 책으로 엮어 내셨다는 소식을 진심으로 축하드립니다.

　『세종사람 김수현』은 단순한 산문집이 아닙니다.

　시민의 삶 속에서 민주주의를 실천하고, 세종이라는 도시의 가치와 정신을 세워온 한 사람의 신념과 열정이 고스란히 담긴 귀한 기록입니다.

　5·18의 진실 앞에서 민주주의자의 길을 선택하고, 신행정수도 위헌 결정 이후에도 흔들림 없이 행정수도 완성을 위해 헌신해 온 김수현 대표의 발자취는 한 개인의 이야기를 넘어 우리 사회가 함께 지향해야 할 가치와 미래의 방향을 보여줍니다.

　그의 삶은 언제나 시민과 함께 있었습니다.

　'시민이 곧 주인이다'라는 믿음 아래 현장에서 답을 찾고, 실천으로 증명해 온 그의 진심과 땀의 이야기가 이 책 곳곳에 깊이 새겨져 있습니다.

『세종사람 김수현』은 세종의 이야기를 넘어, 우리 사회의 민주주의를 다시 바라보게 하는 책입니다.

따뜻한 시선과 단단한 철학, 그리고 흔들림 없는 실천이 어우러진 이 책은 시민이 만들어 가는 민주주의의 길이 얼마나 숭고한지를 다시 느끼게 합니다.

김수현 대표의 진심 어린 여정에 감사의 마음을 전하며, 이 책이 더 많은 이들에게 용기와 희망, 그리고 실천의 힘이 되기를 바랍니다.

더불어민주당 최고위원 · 국회의원 **황 명 선**

추천사

'민주주의'와 '행정수도'라는 주제 속에서 저자는 우리나라의 민주주의가 어떤 방향으로 나아가야 할지 담담히 담아냈습니다. 민주주의자로서 국가균형발전에 헌신해온 저자의 30년 세월, 그리고 대한민국과 세종시 발전의 역사가 쓰여져 있습니다.

'행정수도이전 야전사령관'이라는 별칭답게 저자는 대한민국의 국가균형발전을 위해 삶을 바친 인물입니다. 세종시 백지화 위기, 수정안 논란의 소용돌이 속에서도 저자는 끝내 세종시 출범을 지켜냈습니다.

수도권과 지방이 상생하고 국민의 더 나은 삶을 만들기 위해서 '균형'의 가치는 매우 중요합니다. 대한민국의 미래를 위해서 더 이상 미룰 수 없는 숙제가 되었습니다. 지방소멸을 막고 균형 있는 발전 전략을 세워야 합니다.

국가균형발전의 시작인 세종시가 명실상부한 대한민국 행정 중심지가 되고 세계적인 행정수도로 도약할 복안이 이 책에 담겼습니다. 대한민국의 민주주의와 균형의 가치에 공감하는 분이라면 이 책을 읽어보시길 권해드립니다.

더불어민주당 사무총장 · 국회의원 **조 승 래**

추천사

　김수현은 시대의 한복판에서 늘 행동으로 답해온 사람이다. 그의 삶은 이념이 아니라 실천이었고, 구호가 아니라 현장이었다. 학생운동의 치열한 시절부터 시민운동의 현장, 그리고 행정수도 세종의 전선까지, 그는 언제나 가장 낮은 곳에서, 가장 치열하게 시대의 요구에 응답해왔다.

　5·18 광주의 진실 앞에서 분노한 청년은 민주주의의 길을 택했고, 신행정수도 위헌 결정 앞에서 멈추지 않은 시민운동가는 국가균형성장의 새로운 길을 열었다. 그에게 민주주의는 생존의 언어였고, 행정수도는 실천의 목표였다. 그 길 위에서 수많은 고비와 절망이 있었지만, 그는 단 한 번도 물러서지 않았다. 김수현은 늘 최전선에 있었고, 늘 가장 낮은 자리에서 길을 만들었다.

　세종시 건설의 기반을 닦고, 대통령 세종집무실과 국회 세종의사당 추진의 중심에서 행정수도 완성의 대의를 현실로 끌어당긴 일꾼, 그가 바로 김수현이다. 그가 만들어온 시간의 무게는 결코 하루아침에 세워진 것이 아니다. 그것은 시대를 향한 뚝심이며, 시민을 향한 헌신이고, 신념으로 다져진 투쟁의 기록이다.

나는 김수현의 길을 믿는다. 그는 타협보다 원칙을, 명분보다 신념을 선택해온 사람이다. 그의 곧은 정치, 그의 뚝심 있는 실천이 세종을 대한민국의 중심으로, 행정수도를 완성된 국가의 모델로 만들어낼 것이라 확신한다.

김수현은 행정수도의 상징이자, 민주주의의 확장을 이끌 리더다. 그의 걸음에는 역사가 있고, 그의 신념에는 시민이 있다.

세종이 완전한 행정수도가 되는 길, 그 길의 한가운데에 김수현이 서 있다. 그의 길은 세종의 미래이자, 대한민국의 미래다.

더불어민주당 수석대변인 · 국회의원 **박 수 현**

추천사

『세종사람 김수현』의 출간을 진심으로 축하드립니다. 이번 책은 세종이라는 도시의 품 안에서, 시민과 함께 호흡하며 민주주의와 행정수도 완성의 길을 묵묵히 걸어온 저자 김수현의 사유와 실천이 고스란히 담긴 귀한 기록이라 생각합니다.

저자 김수현은 세종사람입니다. 세종특별자치시 출범 초기부터 시민운동과 지역정치의 최전선에서, 늘 시민의 눈높이에서 민주주의를 실천해 오셨습니다. 거창한 구호보다 현장의 목소리를 듣고, 제도보다 사람의 삶을 우선하며, 행정수도 완성과 국가균형발전의 비전을 시민과 함께 그려오신 그 길이야말로 진정한 공공의 정치라 할 것입니다.

『세종사람 김수현』은 바로 그 여정의 이야기를 담고 있습니다. 토박이 세종사람의 시선으로 행정수도 세종의 의미를 되새기고, 지방분권과 시민참여의 가치가 현실 속에서 어떻게 피어나는지를 보여주는 이 책은, 민주주의가 제도가 아닌 '삶의 방식'임을 다시 깨닫게 합니다.

저자의 글에는 늘 사람과 공동체를 향한 따뜻한 시선이 있습니다. 그것은 세상을 바꾸는 힘이 거대한 권력이나 제도가 아닌, 서로를 믿고 연대하는 시민 한 사람 한 사람에게서 비롯된다는 확신입니다.

이 책이 세종을 넘어 대한민국의 모든 지역과 시민들에게 희망의 불씨가 되길 바랍니다. 저자 김수현이 그려온 민주주의의 길, 그리고 행정수도 완성의 꿈이 더 넓은 미래로 이어지길 진심으로 응원합니다.

더불어민주당 대전시 당위원장 · 국회의원 **박 정 현**

추천사

　김수현 동지는 나의 동지이자, 시대를 함께 걸어온 정치적 후배이다. 학생운동과 시민운동의 현장에서 함께했고, 이제는 더민주전국혁신회의라는 정치개혁 공동체에서 운명적으로 함께하고 있다.

　더민주전국혁신회의는 이재명 당시 당대표를 지키고, 정치혁신의 최전선에서 민주주의의 새로운 길을 열기 위해 결성된 공동체다.

　2024년 총선의 민주당 압승과 2025년 이재명 대통령 당선에 결정적 역할을 했고, 지금은 이재명 정부의 성공과 단호한 개혁, 당원주권과 국민주권의 실현을 위해 실천과 학습을 병행하고 있다.

　김수현은 지난 30년간 민주주의의 깃발을 들고 한결같이 앞장서 왔고, 지난 20년 동안 국가균형발전과 행정수도 완성을 위해 가장 치열한 전선에서 흔들림 없이 싸워왔다.

　김수현은 '실천하는 정치인'이다. 학생운동과 시민운동의 현장에서, 그리고 행정수도 세종의 전선에서 그는 언제나 말보다 행동으로 시대의 요구에 응답해왔다.

이제 김수현은 시민의 뜻을 제도와 정책으로 구현하기 위한 새로운 길에 나선다. 나는 김수현의 길에서 확신을 본다. 그는 원칙을 잃지 않고 세종을 이끌 것이며, 시민의 신뢰를 바탕으로 대한민국의 미래를 설계할 것이다.

세종이 완전한 행정수도가 되는 길, 그 길 위에 김수현이 있다.

더민주전국혁신회의 공동상임대표 · 국회의원 **이 광 희**

추천사

아끼는 후배, 김수현!

수현이와의 인연이 깊어지기 시작한 건, 세종포스트가 막 창간하던 2012년 무렵이었다. 그때의 수현이는 학생운동 시절 충청권 청년 학도를 이끌던 충청총련 의장의 무게를 여전히 어깨에 짊어진 채 살아가는 사람처럼 보였다. 단단하고, 조금은 경직된 모습. 시대의 이상을 품고 살았던 한 사람이 아직도 그 책임을 내려놓지 못한 채 서 있는 듯했다.

주위 사람들은 저마다 변신을 꿈꾸며 새로운 삶을 찾아 나서고 있었지만, 수현이는 달랐다. 학생운동에서 품었던 믿음과 신념을 여전히 손에 꽉 쥔 채, 사회운동가라는 길을 묵묵히 향하고 있었다.

그런데도 기자 김수현이 써내는 글에는 따뜻한 온기가 있었다. 차가운 현실을 바라보는 눈길 사이로 은근한 감성, 사람들을 향한 깊은 애정이 스며 있었다. 글재주는 이미 작가라 해도 손색이 없을 만큼 아까울 정도였다.

삶의 방향을 두고 "이제는 무거운 짐을 내려놓고 생활인으로 자리 잡았으면 좋겠다"는 권유를 건넸지만, 그는 조용히 말을 아꼈다. 그리고 결국 '세종참여자치시민연대'를 만들며 지역과 시민의 편에 서는 길을 택했다.

2017년, 그의 간곡한 부탁을 마냥 뿌리칠 수 없어 '행정수도완성 세종시민대책위' 활동에 함께하게 됐다. 행정수도 위헌 판결부터 세종시 수정안까지 이어진 긴 싸움 속에서 지쳐 있던 시기라 한동안 세상과 거리를 두고 싶었지만, 끝내 그의 손을 거절할 수 없었다.

그때, 나는 수현이의 진짜 빛을 보았다.

수많은 사람들이 한데 모이는 자리에서 그는 특유의 리더십으로 다양한 현안을 능숙히 조율하고, 조직을 매끄럽게 이끌었다. 언제나 한발 앞선 언론 대응, 정교한 정책 제안, 부지런함과 성실함으로 대책위원들과 끊임없이 소통하던 모습은 지금도 생생하다. 함께하는 시간이 참 즐겁고 신바람났다.

대책위원 대부분이 훗날 시의원이 되어 정치권에 뛰어들었지만, 그 속에서도 그는 욕심내지 않았다. 오직 조직과 시민을 먼저 생각하고 헌신하는 모습 뒤에는 스스로에 대한 조용한 자부심, 그리고 사명이 있었다. 때론 얼굴 때문이 아니라 너무 다재다능해서 시샘을 받기도 했지만, 늘 꼼꼼하게 준비하고 우직하게 실천하는 수현이가 곁에 있다는 것이 늘 든든했다.

그리고 지금, 그 성실함과 헌신이 오롯이 담긴 이 책을 통해 다시 한 번 수현이의 빛을 확인한다. 김수현, 정말 수고 많았다.

전 행정수도완성세종시민대책위 집행위원장 **홍 석 하**

추천사

　김수현 형은 내가 참여연대에서 일하던 시절, 대전참여자치시민연대 자치분권국장으로 일하며 처음 만났다. 그 뒤로 형은 자신의 고향 세종으로 돌아와 세종시 출범과 함께 '세종참여자치시민연대'를 창립했고, 권력 감시와 견제, 대안 제시, 민생경제 살리기라는 시민운동의 본령을 지키기 위해 늘 최전선에 서왔다.

　형의 삶은 시대의 아픔과 함께했다. 5·18의 진실 앞에서 분노한 청년은 충남대 총학생회장과 충청지역대학총학생회연합 의장으로서 민주주의의 길을 선택했다. 그리고 1년 6개월의 수형생활 속에서도 신념을 버리지 않았다. 그 절대 고독의 시간은 운동가로서의 성찰과 단련의 시간이었다.

　참여정부 시절, 지방분권과 국가균형발전, 신행정수도를 3대 국정과제로 삼으며 지방 살리기의 희망이 피어났지만, 2004년 신행정수도 위헌 결정은 다시 절망의 벽을 세웠다.

그때 김수현 형은 주저하지 않았다. 행정수도 사수를 위한 범시민운동의 야전사령관으로, 광장과 거리에서 앞장섰다. 형에게 '행정수도 세종'은 단순한 도시가 아니라 삶의 이유이자 실천의 가치, 그리고 미래 그 자체였다.

시민운동의 길은 고단했다. 보조금 한 푼 없이, 오로지 회원들의 회비와 후원금으로 버텨야 했다. 그러나 형은 세상을 바꾸려는 열망과 사람에 대한 신뢰, 가치에 대한 자긍심으로 그 길을 걸었다. 누구나 편한 길을 택할 때, 형은 늘 험한 길을 택했다.

제도권 진입 제안을 수차례 받았지만, "운동은 뿌리를, 정치는 열매를 맺는 일"이라며 묵묵히 시민운동의 현장을, 우리 시민들의 바로 옆을 지켰다.

세종시 출범 이후, 형은 고향인 세종의 행정수도 완성을 위해 한결같이 달려왔다.

이제 그는 그간의 신념과 실천을 제도 정치의 장에서 꽃피우려 한다.

'여의도 문법'이 지배하는 정치 현실 속에서도, 형은 '세종 문법'을 새롭게 쓰려 한다.

지역에서 나고 자라, 지역에서 일하고, 지역에서 검증받은 일꾼이 시민의 손으로 선택받는 풀뿌리 민주—민생 정치의 원형을 세우려는 것이다.

늘 민주—민생의 현장과 전선에 있었던 사람, 김수현.

그가 이제 제도 속으로 들어가 변화와 혁신, 새로운 세종을 만들고자 한다.

변화의 바람은 언제나 중심이 아니라 변방에서, 기득권이 아니라 시민으로부터 불어온다.

김수현 형의 삶이 그랬듯, 이번에도 진심과 신념이 바람이 되어 세종을 흔들고 대한민국을 깨울 것이다.

출판기념회 날, 나는 제일 먼저 달려갈 것이다. 형의 새로운 도전과 주권자 시민들의 승리의 역사를 함께하기 위해.

민생경제연구소장 · 전 참여연대 사무처장 **안 진 결**

작가의 말 · 04

추천사 · 10

제1부 민주주의

12·3 윤석열 비상계엄과 대한민국 민주주의·33

이재명 대표 무죄 의미와 시대에 던지는 시사점·37

이재명 대표 무죄, 정치검찰과 헌법재판소의 상관관계·41

사회적 참사와 공직자 태도·46

금강수목원, 반드시 시민의 품으로·49

정치개혁과 개헌을 국정과제로 채택하라·51

새로운 대한민국, 개헌이 희망이다!·55

대한민국 대전환, 국민주권·지방분권·균형발전 선언·58

'세종총리?', 황교안 총리의 무한 '서울 사랑'·62

세월호 1년, 무엇을 남겼나·67

열세 살 소녀에게 우리가 답해야 한다·71

정치여, 낮은 곳에 눈 맞춰라·77

지방선거와 시민사회의 사회학·82

조국 근대화에서 파생한 전근대의 산물·86

'선거=축제' 시민 참여가 관건·90

다시 민주주의·95

전두환과 한 청년의 삶·99

제2부 행정수도 1

행정수도 개헌, 질서 있는 공론화 필요하다·105

새해 벽두, 행정수도 세종·108

국회 세종의사당 건립규칙, 신속하고 담대한 합의 필요·111

대통령 세종집무실, 약속이행과 실행이 관건이다·115

대통령 세종집무실 공약 훼손한 수정안·118

국가균형발전은 '상품'이 아닌 '공공재'다·121

윤석열 정부의 '행정수도론'·124

국회 세종의사당 건립과 충청권 메가시티 과제·128

국회 세종의사당 현실로·131

국회법 개정안 처리, 강경투쟁 불사할 것·137

국민의힘, 국회 세종의사당 법안 결판내자·141

국회 세종의사당, 겨울을 지나 봄으로·144

국회 세종의사당과 국민의힘·149

박병석 국회의장 후보에 바란다·152

행정수도 완성, 충청권 초정파적 단결이 관건·155

국가균형발전의 심장, 대통령 세종집무실·158

'세종시 행정수도 명문화'가 답이다·163

문재인 대통령, 행정수도 공약 꼭 지켜달라·167

제3부 행정수도 2

박근혜의 세종시정책, 후퇴하고 있다·173

'세종시 원안 마이너스 알파'로 갈 것인가·177

미래부 과천 잔류, 배신의 정치·181

미래창조과학부 잔류는 말도 안되는 막말·187

국민안전처, 인사혁신처 이전은 상식·192

부실 아파트와 세종시의 자화상·197

워싱턴DC냐 과천이냐·201

세종시특별법 후속조치 이행이 세종시 완성 시금석·205

행복도시, 너마저·210

행복도시 합헌결정, 헌법재판소의 상식을 기대한다·213

제1부
민주주의

2024.12.07 국회 앞 윤석열 탄핵 촉구 집회 — 살을 에는 추위 속, 민주주의를 외치다.
(12.14, 탄핵 가결의 날을 향한 길목에서)

12 · 3 윤석열 비상계엄과 대한민국 민주주의

(2025.01.02.)

되살아난 '독재자'의 망령

2024년 12월 3일 밤 늦은 시간, TV 생방송으로 비상계엄을 선포하는 윤석열의 모습은 비현실적이고 몽환적이었다. 술 취한 사람의 주정 같기도 했다. 민주주의 모범국에서 가장 후진적이고 퇴행적인 비상계엄을 선포하다니, 미쳐도 제대도 미쳤다라는 생각이 들었다.

대한민국 민주주의는 군부독재와의 투쟁 속에서 쟁취한 희생의 결과였다. 5 · 16 쿠데타로 집권한 박정희는 경제성장이라는 미명 아래 민주주의를 탄압하고 인권을 유린했다. 인혁당 사건처럼 사법 절차를 철저히 무시하며 반독재민주화운동 세력을 반국가단체로 몰아 다수의 민주인사를 구속시키거나, 사형을 극단적으로 집행하기도 했다.

전두환, 노태우 일당은 12 · 12 군사 쿠데타로 헌법을 유린하며 국권을 찬탈했고, 신군부 세력의 불법적 헌정질서에 맞서 비상계엄 해제를 요구했던 1980년 5월 광주의 민주화운동을 북한의 사주를 받은 반국가세력의 폭동으로 왜곡하며 무고한 시민을 대량 학살했다. 대학 새내기로 5·18 민중항쟁의 진실을 처음 목도한 내가 민주주의자가 될 수밖에 없었던 시대적 필연이기도 했다.

87년 6월 항쟁 이후, 절차적 민주주의는 완성되었다고 평가받는 대한민국이었다. 그런데 박정희, 전두환, 노태우와 같은 군부독재자의 망령이 되살아났다. 윤석열로 인해 '군부독재'가 '검찰독재'로 바뀌어서 말이다. 반국가단체와 종북세력 척결은 독재자의 일관된 명분이자 논리였다.

세대를 잇는 촛불의 진화
12월 3일 당시 경찰과 계엄군이 국회를 봉쇄하고 국회의사당을 침탈하자 시민들이 순식간에 국회 앞으로 집결했다. 공무원 신분만 아니었다면 나 또한 국회로 바로 달려갔을 것이다. '민주주의'야말로 내 삶의 기초였기에, 존재 자체가 부정당하는 치욕과 울분을 견딜 수가 없었다.

국회의원은 월담까지 하며 본회의장으로 모이기 시작했다. 장갑차를 막아선 시민도, 총부리를 잡은 여성 정치인도 있었다. 이를 TV로 지켜보는 이들은 뜬눈으로 밤을 지새우며 기도하고 응원했다. 모두가 한마음이었다.

독재의 부활에 맞서 민주주의를 지켜야 한다는 절박한 마음이었고, 그곳에선 모두가 민주주의 전사가 되었다. 국회 본회의에서 비상계엄 해제 결의가 신속하게 진행된 것도, 윤석열 탄핵 가결이 역사적으로 이뤄진 것도 민주주의에 대한 열망이 응축된 시대적 귀결이었다.

세종에서, 여의도에서, 광화문에서 촛불 행렬이 계속 이어지고 있다. 종이컵 촛불에서 LED 촛불, 팬클럽 응원봉으로까지 진화하고 있고, 세대를 초월해 민주주의에 대한 학습과 소통은 강화되고 있다.

5 · 18 민주화운동 당시 시민군 대변인으로 활동하다 마지막 날 전남도청에서 숨진 윤상원과 들불야학의 선생으로 일하다 숨진 박기순의 영혼 결혼식 주제가로 처음 불린 「임을 위한 행진곡」이 촛불 현장에서 불리고 있다. 「임을 위한 행진곡」을 청소년과 2,30대 청년들과 함께 부를 때의 전율과 감동은 크고 묵직했다. 전선에서 부르는 우리들의 애국가는 시대를 뛰어넘어 서로를 잇고 있었다.

광장 민주주의의 발현과 완성

동학농민혁명군은 공주 우금치 고개를 넘지 못하고 좌절되었다. 그러나 윤석열 체포, 구속을 위해 대통령 관저로 향하던 전봉준 투쟁단의 트랙터가 남태령 고개에서 경찰에 의해 대치하는 모습이 소셜미디어(SNS)에 공유되자마자 가장 먼저 현장으로 달려온 이들이 있었다. 응원봉을 손에 쥔 20, 30 청년 여성들이었다.

경찰과 트랙터가 '밤샘 대치'를 하는 동안, 시민 발언대 위에선 여성 이슈뿐 아니라, 장애인, 성소수자, 청소년, 노동자, 팔레스타인 이슈에 이르기까지 연령·성별·계급·국경을 초월한 약자들의 의제가 다뤄졌다. 그날 남태령엔 '어느 누구도 배제'하지 않는 '광장 민주주의'가 실현됐다.

결국 지난달 21일 밤 '차 빼라'로 시작된 구호는 22일 오후 마침내 경찰차벽을 몰아냈다. 일명 남태령 대첩이 승리를 쟁취한 것이다.

미완의 혁명으로 불리우는 87년 6월 항쟁 이후 30년만인 2016년, 들불처럼 일어난 촛불혁명을 거쳐, 그로부터 8년만인 2024년 말 윤석열이 벌인 비상계엄으로 인해 '응원봉 광장 민주주의'가 발현되었다. 이제 국민들은 정권퇴진을 뛰어넘어 지난 촛불혁명에서 완성하지 못한 사회대개혁까지 부르짖고 있다. 이는 대한민국 민주주의의 발전과정에서 시사하는 바가 매우 크다.

2025년은 윤석열 일당을 체포, 구속, 파면하고 이에 동조하는 국민의힘을 해체하는 것과 동시에, '광장 민주주의'의 혁신적 행태를 헌법적, 법적, 제도적으로 완성하기 위한 중차대한 역사적 과제를 안고 있다. 물론 그 굳건한 토대는 '광장'이 되어야 할 것이다.

이재명 대표 무죄 의미와 시대에 던지는 시사점

(2025.03.27.)

세종에서 시민운동을 해온 김수현 더민주세종혁신회의 상임대표가 이재명 대표 2심 무죄 판결에 따른 기고를 보내왔다. 김대표는 정의와 상식을 바로 세운 역사적 판결이라는 전제하에 이번 사건을 보는 자신의 생각을 진솔하게 적었다. 이 글은 '세종의소리' 편집방향과는 별개이며 기고 전문을 전재한다

이재명 대표에 대한 공직선거법 위반 사건의 2심 무죄 판결은 정의와 상식을 바로 세운 역사적 판단이다.

2심 재판부는 정치 검찰의 짜맞추기 수사, 표적 기소, 정치 보복이라는 사법 농단에 제동을 걸었다. 이는 국민의 상식과 법 감정에 부합하는 결정이다.

애초부터 개인의 기억을 처벌하겠다고 나선 검찰의 무리한 기획 재판이었기에 무죄임이 명백했다. 1심 재판부가 유죄를 선고한 사실조차도 진술에 대한 확장 해석을 금지하는 대법원 판례를 정면으로

2025.03.26 대법원 앞 이재명 대표 무죄 선고 촉구 집회 — 그날, 정의는 극적으로 승리했다.

위배하고 있었기에, 무죄 판결은 불가피했다.

이재명 대표가 "사진이 조작됐다"고 발언한 것을 두고, 검찰은 이를 "김모 씨와 골프를 친 적 없다"는 허위 사실로 날조하여 기소했다. 이는 명백한 조작 수사였다.

검찰은 국민의힘이 조작한 사진을 증거로 둔갑시켰으며, 2심 재판부가 허위 사실을 특정할 것을 요구했으나, 검찰은 공소장을 변경하면서도 여전히 공소 사실을 특정하지 못했다.

또한, "국토부로부터 협박을 받았다"는 주관적 감정을 문제 삼아 기소한 것 역시 정적 제거를 위한 무리한 정치 기소였다. 공직선거법은 판단이나 의견을 처벌하지 않는다. '협박'이라는 표현은 이재명 대표의 개인적 판단일 뿐, 이를 법적으로 처벌할 수 없다. 더욱이 국정감사에서 한 답변은 '국회에서의 증언·감정 등에 관한 법률'에 따라 별도의 처벌 규정이 없는 한 처벌할 수 없는 것이다.

윤석열 정권의 하수인으로 전락한 검찰은 검찰권을 남용하며 대한민국 법치를 심각하게 훼손해 왔다. 검찰은 법과 원칙이 아니라, 권력 유지를 위한 야당 탄압의 도구로 움직여 왔다. 이는 민주주의를 위협하는 심각한 반헌법적 행태이다.

그러나 윤석열 정권의 이재명 대표에 대한 사법 탄압은 결국 실패했다. 국민과 함께 진실의 길을 묵묵히 걸어온 이재명 대표의 무죄 판결은 예정된 결과였다.

이재명 대표는 지금까지 400차례 가까이 압수수색을 받았으며, 일주일에 평균 세 번, 총 107번 법원에 출석했다. 800시간이 넘는 재판을 견뎌 왔다. 반면, 김건희 여사의 주가 조작 및 명품백 사건, 윤석열 대통령 장모의 수많은 비리 의혹에 대한 특검은 수차례 국회를 통과했음에도 불구하고 끝내 기소조차 이루어지지 않았다.

이재명 대표는 내란 세력과 정치 검찰이 조작한 기획 재판에 맞서 스스로를 지키고, 민주주의를 수호하기 위해 오늘도 한 걸음씩 나아가고 있다. 대한민국 헌법재판소는 이제 중대한 선택의 기로에 서 있다. 국민은 모든 과정을 지켜보고 있으며, 헌법재판소는 정치적 외압에서 벗어나 헌법과 법률, 정의와 양심에 따라 윤석열 대통령을 즉각 파면해야 한다.

사필귀정이다. 법 앞에 만인은 평등해야 한다. 정치 검찰은 국민 앞에 사과해야 하며, 헌법재판소는 피청구인 윤석열을 즉각 파면해야 한다. 또한, 윤석열 대통령의 비호를 받아온 김건희 여사는 반드시 구속돼야 한다.

윤석열 대통령의 파면과 김건희 여사의 구속은 12.3 내란으로 짓밟힌 민주주의와 법치주의, 그리고 헌정 질서를 회복하는 첫걸음이 될 것이다.

이재명 대표 무죄,
정치검찰과 헌법재판소의 상관관계

(2025.03.29.)

이재명 대표 2심 무죄 판결의 의미

이재명 대표의 공직선거법 항소심 판결 당시, 나는 서초동 서울고 등법원 앞에서 열린 '이재명 무죄 촉구 집회'에 참석하고 있었다. 판결을 앞둔 순간, 무대 화면에는 노무현 대통령이 기타를 치며 부르는 「상록수」 영상이 흘렀고, 나는 간절한 마음으로 기도했다.

애초에 검찰의 기소는 정적 제거를 위한 정치적 보복이었으며, 표적 기소이자 짜맞추기식 수사였다. 이재명 대표에 대한 공직선거법 위반 혐의에 대한 2심 무죄 판결은 정의와 상식에 따른 당연한 귀결이자 역사적 판단이다.

이재명 대표가 "사진이 조작됐다"고 발언한 것을 두고, 검찰은 이를 "김모 씨와 골프를 친 적 없다"는 허위 사실로 조작해 기소했다. 국민의힘이 조작한 사진을 검찰은 증거로 둔갑시켰으며, 2심 재판부가 허위 사실을 특정할 것을 요구했음에도 공소장 변경 과정에서 조차 이를 특정하지 못했다.

또한, "국토부로부터 협박을 받았다"는 이 대표의 주관적 감정을 문제 삼아 기소한 것 역시 무리한 정치적 수사였다. 객관적 '행위'가 아닌 주관적 '감정'을 확장 해석해 처벌하려 한 것 자체가 문제였다. '협박'이라는 표현은 그가 '압박'을 받았다고 느낀 개인적 판단일 뿐, 이를 법적으로 처벌할 수는 없다.

이재명 대표는 지금까지 400차례에 가까운 압수수색을 받았으며, 매주 평균 세 번, 총 800시간이 넘는 재판을 견뎌 왔다. 반면, 김건희 여사의 주가 조작 및 명품백 사건, 윤석열 대통령 장모의 수많은 비리 의혹에 대해서는 윤석열 정부 출범 이후 기소는커녕 압수수색조차 없었다.

과연 이것이 공정한가? 상식적으로 사고하는 사람이라면 검찰 수사가 일방적이고 편향적이라는 사실을 쉽게 깨달을 것이다. 이재명 대표는 항소심에서 무죄 판결을 받았지만, 정치검찰의 탄압으로 인해 잃어버린 시간과 극심한 정신적 고통은 어디에서도 보상받을 수가 없다. 억울하고 분한 노릇이지만, 현실을 직시하고 미래로 나아가야 하는 것이 정치인의 숙명이다.

정의와 양심의 목소리 "윤석열 파면"

심우정 검찰총장은 윤석열의 구속 취소 사유에 동의할 수 없다고 밝혔으나, 정작 이에 반하는 판결에 대해 위헌 논란을 이유로 즉각 항고를 포기했다. 단언컨대, 즉각 항고하는 것이 검찰의 원칙이자

대법원은
대선개입
중지하라!

민주정부 건설! 내란세력청산! 촛불대행진으로 모이자!
후원 - 신한은행 100-036-164860 촛불행동 / ARS 060-707-3300 (한 통에 1만 원, 여러

2025.05.01 조희대 대법원장 대선개입 중단 촉구 집회 — 빗속에서도 멈추지 않은 시민의 외침.

자존심이며 관행이었다. 보석과 구속 집행정지는 원칙적으로 피고인이 병중이거나 상중인 경우에만 예외가 인정되기 때문에, 위헌 논란은 비겁한 변명에 불과하다.

내란피의자 윤석열의 체포를 주도적으로 방해하고 거부한 김성호 경호차장에 대해 검찰은 오랫동안 기소하지 않다가, 악화된 여론에 떠밀려 마지못해 기소했다. 그러나 영장심사 과정에서 검찰은 소극적인 태도를 보이며 불참했고, 증거 인멸 가능성이 높은 김성호 차장의 구속 기각을 사실상 방조했다.

윤석열의 하수인으로 전락한 정치 검찰의 행태를 헌법재판소도 답습하고 있다. 정형식 탄핵심판 주심 재판관은 신속한 선고를 약속했음에도 이를 지키지 않고 있으며, 전 세계에 생중계된 비상계엄의 다섯 가지 쟁점이 명확함에도 불구하고 아직까지 파면 결정이 내려지지 않는 것은 정치적 이유 때문이라는 합리적 의심을 불러일으킨다.

유흥식 추기경은 "정의에는 중립이 없다"라는 말로 헌법재판소에 신속한 파면 결정을 촉구했고, 한강 작가는 "파면이 보편적 가치를 지키는 것"이라며 문인들과 함께 헌재의 결단을 요구했다. 헌법재판소는 정의와 양심의 목소리에 귀를 기울여야 한다. 또한, 헌법과 법률에 따라 냉철하게 파면 결정을 내려야 한다.

헌재가 윤석열의 파면 결정을 지체한다면, 전국적인 저항에 직면할 것이다. 4·19 혁명, 5·18 민주화운동, 87년 6월 항쟁, 촛불 혁명과 빛의 혁명을 넘어서는 전 국민적 봉기가 다가오고 있음을 명심해야 한다. 헌재는 역사와 국민의 심판을 받기 전에 과감하고 단호하게 윤석열을 파면해야 한다.

자연의 봄은 왔지만, 민주주의의 봄은 더디기만 하다. 민주주의는 투쟁과 희생의 산물이다. 민주주의는 저절로 다가오는 것이 아니라, 피투성이가 되어 절뚝거리며 찾아오는 것이다. 오늘의 전선에서 우리가 피투성이가 되어 후세에게 더 나은 민주주의를 물려줘야 한다.

이것이 나의 다짐이자, 우리 모두의 맹세가 되길 바란다.

사회적 참사와 공직자 태도

(2025.08.07.)

이재명 대통령은 지난 7월 16일, 세월호·이태원·오송·제주항공 등 사회적 참사 유가족 200여 명과 간담회를 열고 "정부를 대표해 사죄드린다"며 고개를 숙였다. 유가족과 정부, 여당 고위 인사가 함께한 첫 공식 회동이었다.

국민의 생명과 안전을 지키는 것은 정부의 가장 기본적인 책무이다. 국가적 재난이나 사회적 참사로 무고한 시민이 희생된 경우, 진상을 규명하고 재발 방지 대책을 수립하는 것은 정부가 최우선으로 해야 할 일이다. 정부의 부재로 인해 국민이 생명을 잃는 일이 반복되어서는 안 된다.

그러나 안타깝게도 세월호 참사 이후로도 사회적 참사는 계속되었고, 정부의 책임과 역할은 좀처럼 보이지 않았다. 유가족과 피해자들은 대통령이나 정부, 여당 고위 인사와 마주할 수조차 없었으며, 거리로 나서 진상 규명과 책임자 처벌을 외치며 아스팔트 위에서 투쟁해야 했다.

지도자가 있어야 할 자리는 어디인가. 유가족을 정치적으로 반정부 세력으로 몰고, 민방위복을 입고 재난안전대책본부 회의를 주재하거나 현장을 형식적으로 방문하는 것으로는 문제를 해결할 수 없다.

한강 작가는 소설 『소년이 온다』에서 "과거가 현재를 돕고, 죽은 자가 산 자를 구한다"고 썼다. 그 슬프고 아픈 현장으로 내려가, 고통 속에 몸부림치는 사람들을 진심으로 만났더라면 해답은 이미 현장에 있음을 일찍이 감지했을 것이다.

최근 충청권 4개 시도지사는 하계 유니버시아드 대회기 인수를 위해 유럽 국외공무출장을 다녀왔다. 그러나 그 시기 충청 일부 지역은 특별재난구역으로 지정될 만큼 폭우 피해가 심각했으며, 세종시에서는 실종자를 23시간 만에 인지해 사망에 이르게 한 참사로 국무조정실 조사가 진행 중이었다.

투자 유치와 국제적 약속도 중요하다. 그러나 주민의 생명과 안전보다 우선할 수는 없다. 상대국에 양해를 구하고 부단체장을 대신 보냈어도 충분했을 것이다. 과거처럼 실무자에게만 사회적 참사의 책임을 전가하고, 현장을 맡기는 것은 무책임한 처사다. 지도자는 반드시 고통의 현장에 있어야 한다.

금강수목원 공공운영 전환 촉구 1인 시위 — 세종의 숲을 시민의 품으로.

금강수목원, 반드시 시민의 품으로

(2025.07.10.)

세종시청 앞에서는 오전 10시부터 오후 2시까지, 한시적인 야외 카페가 열립니다. 뙤약볕 아래에서 공무원과 시민을 마주하며, 언젠가 훼손될지도 모를 시민의 자산을 지키기 위해 나섰습니다. 바로 금강수목원의 민간 매각을 막고, 공공이 인수해 시민의 품으로 돌려주자는 외침입니다.

금강수목원은 대전·세종·충남 시민들에게 익숙한 쉼터이자, 사색과 성찰의 공간입니다. 수목원을 감싸 안은 금강은 굽이쳐 흐르고, 웅장한 숲은 방문하는 이들에게 때로는 희망과 용기를, 때로는 겸손과 절제를 일깨워줍니다.

금강수목원은 광릉수목원에 이어 우리나라에서 두 번째로 큰 수목원입니다. 수많은 생명체가 살아가는 산림자원의 보고이자 생태계의 산실이며, 인간에게는 벗이자 스승이기도 합니다. 그러나 지금, 이 소중한 자연유산이 절체절명의 위기에 놓여 있습니다.

소유권을 가진 충청남도는 이 수목원을 민간에 매각하겠다고 밝혔고, 세종시는 재정난을 이유로 직접 매입은 어렵다며 인허가 권한을 통해 난개발을 막겠다는 입장입니다. 하지만 민간 매각이 현실화되면, 막대한 이익을 노린 골프장·리조트·고급주택 등의 개발로 이어질 가능성이 매우 높습니다.

금강수목원은 이미 시민의 수많은 시간과 정성, 노력이 축적된 공공재이자 공유부입니다. 이곳이 사적 공간으로 전용되는 순간, 인류의 자연유산은 소멸하게 됩니다. 기후위기 시대, 후손들에게 산교육장이 되어야 할 자연 자산을 포기하는 것은 곧 미래를 부정하는 일입니다. 더 이상 미래 세대의 몫을 파괴하거나 전횡해서는 안 됩니다.

이제 공공이 나서야 합니다. 세종시는 민간 매각과 그에 따른 인허가를 결코 허용해서는 안 됩니다. 이재명 정부가 출범한 지금, 세종시는 국정 기조와 보폭을 맞춰야 합니다. 산림청과 행복도시건설청 역시, 세종시가 지속가능한 행정수도로 자리매김할 수 있도록 천혜의 자연환경을 지키는 데 공공의 책임을 다해야 합니다.

금강은 굽이쳐 흘러야 하고, 금강수목원은 원형 그대로 시민의 품으로 돌아와야 합니다. 금강수목원의 울창한 숲 사이를 스치는 바람 소리는 여전히 고요하고 평화롭기만 합니다.

정치개혁과 개헌을 국정과제로 채택하라

(2022.03.13.)

제20대 대선 결과, 득표율 0.73% 차이라는 초박빙의 승부로 정권교체를 앞세운 보수야당의 단일후보가 당선됐다. 먼저, 윤석열 당선인에게 축하를, 이재명·심상정 등 낙선인들에게 위로를, 국민개헌 운동에 동참해 주신 국민 여러분께 감사의 마음을 드린다.

국민주권·지방분권·균형발전 개헌국민연대는 지난해 초부터 국민주권 선언을 전국적으로 매월 개최하면서 새로운 대한민국을 만들기 위해서는 국가운영의 기본틀인 헌법 개정이 필요하다는 절박한 인식 아래 출범했다. 대한민국의 대전환은 시대정신의 반영인 개헌이 선행되지 않고는 불가하다는 판단 아래 대선 후보에게 정치개혁과 개헌을 공약으로 채택할 것을 요구했다.

20대 대선은 윤석열 당선인이 정치에 입문한 지 채 1년이 되지 않았고 경쟁자였던 이재명 후보 또한 국회의원이나 총선 출마의 경력이 전혀 없는 변방의 정치인이었다는 점에서 끝없는 정쟁으로 점철되어온 승자독식 다수제의 횡포와 한계에 이른 대의민주주의에 퇴장을 명령한 것이다.

이번 대선에서 국민의 뜻은 후진적인 정치구조와 문화를 선진국 수준으로 바꾸어 상생의 정치를 실현하고 낡은 헌법을 고쳐 국민주권·지방분권·균형발전·행정수도라는 시대정신과 미래가치를 담아 국가발전과 국민통합을 이뤄갈 것을 강력히 요구한 것이다.

윤석열 당선인과 국민의힘은 정권교체의 분위기에 악영향을 미칠 수 있어 개헌국민연대의 국민개헌안에 답변을 주지 않았다. 그러나 다른 주요 대선후보들이 높은 공약채택으로 화답하고 국회 다수당인 더불어민주당이 소수보호 비례성과 다당제 등을 실현하기 위한 정치개혁과 개헌을 당론으로 채택했다. 또한 윤석열 당선인과 단일화를 이룬 안철수 후보까지 다당제 실현과 개헌을 적극 주장해왔다는 점에서 충분한 공감대와 여건이 형성됐었다고 볼 수 있다.

게다가 이미 각종 여론조사를 통해 대다수 국민과 전문가뿐만 아니라 국회의원들까지도 개헌에 찬성한다는 것이 충분히 확인됐고 현 박병석 국회의장을 비롯한 역대 국회의장들 모두가 여야 정치권에 개헌을 적극 요구했던 만큼, 여야 정치권이 개헌에 합의하고 새정부가 뒷받침하면 국민이 염원하는 정치개혁과 개헌이라는 시대적 과제를 해결할 수 있게 된다.

따라서 국민주권·지방분권·균형발전을 위한 개헌과 개혁은 더이상 미룰 수 없는 시대정신이자 개혁과제로 정권에 상관없이 신속히 추진되어야 마땅하기에 새 정부의 중요한 국정과제로 채택할 것을 강력히 요청한다.

또한 국회를 비롯한 여야 정치권은 통렬한 자기반성으로 대선에서 보여준 민심을 겸허히 받아들여 국민과 함께 정치개혁과 개헌에 적극 나설 것을 촉구한다. 만약, 시대적 과제를 방기하는 정당이나 정치세력이 있다면 곧이어 있을 지방선거와 차기 총선에서 주권자인 국민으로부터 또다시 준엄한 심판을 면치 못할 것이다.

개헌국민연대는 제20대 대통령직 인수위원회와 국회를 비롯한 정치권에 국민주권 · 지방분권 · 균형발전 국민개헌안과 개혁과제에 대한 합리적 대안을 전달하고, 이를 반영 · 추진할 것을 요구하는 국민행동을 전개할 것이다. 또한 오는 6월 1일 치러지는 제8회 전국동시 지방선거의 의제와 대안으로 제안해 주요 정당의 정책공약으로 채택해줄 것을 요구하는 국민운동도 진행할 것이다.

노무현 대통령은 지방분권과 국가균형발전, 행정수도를 지방살리기 3대 전략으로 설정하여 국정과제로 채택했고, 정파를 초월하여 국가적 과제로 추진할 수 있는 토대를 구축했다. 정치개혁과 개헌은 특정 정파가 아닌 대한민국을 재창조하기 위한 국가적 과제이자 미래 과제이다. 정치적 계산과 눈치에 연연하지 않고 국민과 국가만을 바라보고 정치개혁과 개헌을 과감하게 추진하는 윤석열 당선인을 기대한다.

새로운 헌법개정을 촉구하는 SNS 릴레이 — 시대를 바꾸는 말, 손에서 손으로.

새로운 대한민국, 개헌이 희망이다!

(2022.01.09.)

　박병석 국회의장은 1월 6일, 온라인으로 진행된 2022년 신년 기자회견에서 국민통합으로 가는 길은 개헌이라고 강조했다. 대선 직후엔 본격적인 개헌 논의를 할 수 있어야 하고, 여야 대선 후보들은 개헌에 대한 입장을 밝혀 국민의 판단을 받기 바란다고 역설했다.

　또한 여야는 정치개혁특별위원회에서 개헌 논의를 할 수 있는 토대를 확실하게 마련해야 한다고 말했다. 나아가 단계적인 개헌도 한 방법으로, 개헌 논의를 밀도 있게 추진하면 올 6월 지방선거와 함께 합의된 부분을 국민투표에 부칠 수 있을 것이라고 전했다.

　개헌은 시대정신을 반영한다. 87년 낡은 헌법 체제를 극복하기 위해 전국의 시민사회 활동가와 법률 전문가, 주민자치 대표 등 1,000여 명은 지난해 초부터 국민개헌운동을 본격적으로 전개하기 시작했다. 9월에는 국민주권·지방분권·균형발전을 위한 개헌국민연대를 창립한 데 이어, 12월 7일에는 국회 소통관에서 국민 개헌안을 발표했고, 박병석 국회의장과 각 정당에 개헌안을 전달했다. 12월

20일에는 개헌의 방향과 방안을 모색하는 국회 대토론회도 개최했고, 주요 대선 후보들에게 개헌을 20대 대선 공약으로 채택해줄 것도 촉구했다.

이번 개헌에서 권력구조를 포함한 모든 의제를 포괄적으로 논의하는 것은 소모적 논쟁으로 시간만 지연시킬 것이 자명하다. 따라서 박병석 의장의 제안처럼 여야가 합의 가능한 것부터 먼저 추진하는 단계별 헌법개정 전략을 채택하는 것이 바람직하다. 대한민국의 대전환을 이루기 위한 절박한 과제부터 추진하고, 점진적 체질 개선을 위해 개헌을 일상화하는 패러다임의 전환도 필요하다. 개헌에 반영되어야 할 시대정신은 실질적인 국민주권 실현, 선진국형 지방분권과 통합적 균형발전 실현, 기후위기 대응, 정치개혁과 사법 민주화 등이다.

대한민국 헌법질서의 근간인 대의민주주의 한계를 보완하기 위한 국민발안제, 국민투표제, 국민소환제, 주민총회 도입 등 직접 민주주의 제도 강화가 필요하다. 오늘날 선진 7개국(G7)은 모두 양원제 국가이고, G20 국가 중 단원제 국가는 중국과 터키와 한국뿐이다. 현재의 끝없는 정쟁과 갈등 분열, 승자독식의 의회 구조를 상생의 정치로 전환하려면, 지역대표형 상원제 도입이 반드시 필요하다.

과도한 중앙집권 체제를 선진국 수준의 지방분권으로 전환하는 것은 더 이상 미룰 수 없는 절실한 과제이다. 행정수도 완성과 통합적 균형발전은 갈수록 심각해지고 있는 수도권 초집중과 지방소멸을 반전시키는 열쇠다. 환경오염이 날로 심각해지는 상황에서 기후위기 및 생물 다양성 위기 극복, 국민의 먹거리 기본권 보장, 농·어업의 지속가능성 보장도 절실한 과제 중 하나이다.

이 모든 시대적 사명을 위해서는 승자 독식의 정치구조와 소모적인 정쟁을 종식할 수 있는 정치개혁이 긴요하다. 또한 사법 민주화도 국민들의 참여를 통해 이뤄져야 한다. 이 같은 국가시스템 개혁을 위해서는 개헌을 더 이상 미룰 수 없다. 오는 3월 9일 20대 대통령 선거를 앞두고 여야 후보는 개헌에 대한 로드맵을 공약으로 발표하여 유권자에게 검증받고, 대통령 당선 즉시 강력한 개혁동력을 기반으로 여야 합의와 범국민적인 논의를 통해 개헌을 성사시킬 역사적 책무가 있다.

스위스와 노르딕 국가와 같이 자치분권과 균형발전이 잘되는 나라가 1인당 GDP와 경제성장에서 앞서가고, 행복 지수와 민주주의 지수 또한 우수한 것으로 나타나고 있다. 개헌은 호불호나 선택의 문제가 아니다. 현행 헌법 및 국가운영 체계가 고착화된다면 일본과 같은 지방소멸은 구조화되고, 국가성장의 정체를 맞이할 것이 불 보듯 뻔하다. 이미 시대적으로 사망선고를 받은 중앙집권과 수도권 집중 구조를 존치하는 것은 기득권 논리이고, 현실순응의 비겁한 논리이다. 새로운 대한민국, 개헌이 희망이다!

대한민국 대전환,
국민주권 · 지방분권 · 균형발전 선언

(2021.01.18.)

신축년 새해를 맞아 지난 1월 6일, 대한민국의 국가경영 패러다임의 전환을 제안하는 '2021 대한민국 대전환, 국민주권 · 지방분권 · 균형발전 선언'이 충북 오송에서 개최되었다. 코로나19로 인해 최소의 인원만 제한적으로 참석하고, 온라인으로 실시간 중계되었다. 최초 제안 6일 만에 전국의 시민사회 활동가 및 전문가, 지식인 등 230여 명이 1차 선언에 참여하여 시대 변화에 대한 뜨거운 연대와 확고한 의지를 확인했다.

세계는 지금, 4차 산업혁명 시대의 파도와 함께 코로나19의 대유행으로 온 인류가 생존의 위협을 받고 있다. 무분별한 개발과 환경오염, 날로 심각해져가는 기후변화로 곳곳에서 대재앙을 겪고 있다. 자본과 자국의 이익만을 쫓는 국제경제 질서는 심각한 불공정 무역과 노동 착취, 빈부 격차, 자원 고갈, 식량 위기 등을 초래하며 지구 공동체를 파괴하고 있다.

대한민국은 과도한 중앙집권과 수도권 위주의 성장개발로 수도권의 인구가 전체의 50%를 넘는 수도권 초집중화와 지방소멸의 현상이 가속화되고 있다. 또한 급속한 도시화로 중소도시와 농산어촌이 과소·낙후되어 지역 공동체마저 더 이상 유지할 수 없는 지경에 이르고 있다. 저출산·고령화의 인구절벽 속에 계층·세대·지역 간의 사회적 양극화 현상은 더 이상 지탱할 수 없는 사회로 돌진하고 있다.

마침 2021년은 3·1운동에 이어 군주정에서 공화정으로의 전환을 대·내외에 천명한 대한민국 임시정부의 임시헌장 선포 100주년을 뒤로하고 사실상 새로운 100년을 시작하는 첫 해이며, 대한민국 제헌 헌법 73주년, 지방자치 부활 30주년을 맞는 해이다.

또한 '지방에 결정권을' '지방에 세원을' '지방에 인재를' 이라는 3대 과제를 최상위의 국정지표로 설정할 것을 제안한 '전국지역지식인 선언'을 시작으로 지방분권과 균형발전운동에 불을 당긴지 20주년이 되는 해이다. 이러한 역사적 전환기에 천명하는 2021 대한민국의 대전환 선언은 시대정신이라고 할 수 있는 국민주권·지방분권·국가균형발전을 현실로 소환했다는 점에서 역사적 의의가 남다르다.

국민주권의 확립을 위해 주권자인 국민이 권력을 통제하고 주권을 실질적으로 행사할 수 있도록 국민발안, 국민소환, 배심재판, 기소배심, 시민의회, 국민소송, 국민참여예산제 등의 직접 민주제도를 헌법과 법률을 통해 제대로 도입하고 주민소환, 주민투표 등의 실효성을 강화해 나가야 한다.

지방분권 실현을 위해 중앙과 지방정부 간의 균형 잡힌 권한 배분을 통하여 지방이 자율성, 책임성, 창의성을 기반으로 주민의 삶의 질과 국가 경쟁력을 높이기 위해 국가운영체제를 선진국 수준의 연방제로 전환하고, 나아가 주민자치권을 기본권으로 보장하여 읍면동 기초 주민자치를 전면 실시할 수 있도록 헌법과 법률을 개정하고, 관련 정책을 적극 추진해 지방분권국가를 실현해 나가야 한다.

국가균형발전과 지속가능한 발전을 위해 수도권 일극체제를 (초) 광역권의 다극 분산체제로 과감하게 전환하고, 행정수도 완성과 2 단계 공공기관 이전 조속 추진 등을 통해 수도권 초집중화와 지방소멸을 반전시켜 전국 어디서나 인간답게 골고루 사는 균형발전국가를 실현해야 한다. 또한 기후변화에 대한 선도적인 대응과 농업농촌의 공익가치 제고와 농민의 기본소득 보장 등으로 식량 주권을 확립해 나갈 수 있도록 헌법과 법률을 개정하고 관련 정책을 적극 추진해 나가야 한다.

'2021 대한민국 대전환, 국민주권·지방분권·균형발전 선언'은 6월까지 매월 순차적으로 개최할 계획으로, 시민사회 활동가, 지식인, 전문가 등으로 시작한 운동을 3월부터는 대국민 선언으로 확대하여 추진할 예정이다. 수도권과 비수도권 구분 없이 전국적으로 조직하고, 개헌세력의 총결집과 국민적 공감대·지지 형성에 나설 계획이다. 이러한 조직적 성과를 토대로 전국 차원의 단일한 범국민운동 조직을 결성하고, 차기 대선 및 개헌 국면에 능동적으로 참여할 구상이다. 국민주권 · 지방분권 · 균형발전은 거스를 수 없는 시대정신이다. 2021 대한민국의 대전환을 위해서는 국민적 지지가 필수조건이다. 도저한 흐름이 될 수 있도록 동행을 부탁드린다.

'세종총리?', 황교안 총리의 무한 '서울 사랑'

(국무총리의 품격, 2016.03.03.)

2015년 8월 4일. 황교안 국무총리가 세종시를 처음으로 공식 방문한 날이다. 취임한 지 48일 만이었다. 세종청사의 실질적인 수장이고, 세종시에 전입신고도 한 어엿한 세종시민이나 세종시 방문은 뒤늦은 감이 있었다. 세종청사가 위치하고 있는 곳이 세종시이고, 이사를 오면 이웃주민에게 먼저 인사를 하는 것이 관례가 아닌가 싶었다. 이날 방문한 자리에서도 세종시 현안에 대한 명확한 입장보다는 검토하겠다는 일반적인 언급에 그쳐 보여주기식 일회성 이벤트라는 비판이 제기됐다. 황 총리의 '세종시 홀대론'이 스멀스멀 피어나기 시작했다.

황교안 총리가 숙박(80%)과 집무(69%)의 대부분을 서울에서 보고 있는 것으로 나타났다. 세종참여연대가 국무총리 비서실에 정보공개 청구한 결과에 따르면 황 총리가 2015년 6월 18일 총리 취임 이후 2016년 1월 31일까지 국내 총 숙박일 116일 중 서울공관에 숙박한 날은 93일(80%), 세종공관에 숙박한 날은 23일(20%)로 알려졌다. 국무총리 비서실에서 밝힌 총 숙박일 116일에는 국회 출석, 대통령 해외순방 등 서울 체류가 필수적인 날과 휴일이 제외됐다는 점에서 서울공관에서의 숙박 비율은 80% 이상을 상회하는 것으로 보인다.

또한 취임 이후 2016년 1월 31일까지 서울과 세종에서의 총 집무일은 107일이다. 이중 서울은 74일(69%), 세종은 33일(31%)로 나타났다. 하지만 서울에서 세종으로 이동해 집무시 세종 근무로 집계했다는 점에서 세종에서의 실질적인 집무 비율은 31%보다 낮은 것으로 보인다. 국무총리 비서실은 총 숙박일(116일)과 집무일(107일)의 차이(9일)가 지방행사 참석을 위해 지방에서 체류하되 서울에서 숙박한 경우 때문이라고 밝혔다.

세종시 총리공관은 토지 매입비와 건설비 등 총 384억 원의 국가예산이 투입돼 지어졌다. 서울공관은 2014년 기준으로 장부가액만 566억 원에 달한다. 어려운 나라 재정에 두 집 살림을 위해 1,000억 원에 가까운 국가재정을 사용하는 것은 혈세낭비라는 비판을 받기에 충분하다.

또한 두 집 살림을 위한 공관 유지비용이 2014년 기준으로 서울 8억 7,000만 원, 세종 6억 3,000만 원으로 연 15억 원에 이른다. 개선책 없는 두 집 살림은 밑 빠진 독에 물붓기일 수밖에 없다.

문제의 심각성은 황 총리의 무한한 서울 사랑이 공무원 전반으로 구조적으로 이어지고 있다는 점이다. 회의 주재기관과 관계부처 대부분이 세종시에 위치해 있음에도 2013년부터 2015년 상반기까지 장관급 회의의 72.2%가 서울에서 열렸다. 그중에서도 경제관계 장관회의는 80%가 서울에서 열렸고, 영상회의 개최 실적은 9%에 불과하다.

이처럼 기관장들의 잦은 서울 회의로 인해 세종시로 이전한 정부 부처 공무원들의 2015년 상반기 국내 출장 비용이 106억 원에 달하는 것으로 나타났다. 총리를 비롯한 고위급 공무원이 서울에서 열리는 회의와 행사에 참석하는 관계로 예산 낭비와 행정 비효율이 고착화되고 있는 것이다.

2013년 4월, 국무조정실은 행정의 효율성을 제고하고 세종청사가 행정의 중심이 될 수 있도록 서울 출장을 최소화하겠다고 했다. 여기다 영상회의와 서면보고를 업무에 적극 활용하고, 총리 주재 위원회와 회의도 가급적 세종청사에서 개최하겠다는 입장을 발표한 바 있다. 아울러 서울에서 주로 이뤄졌던 국무총리의 외빈 접견도 가급적 세종청사에서 진행될 수 있도록 노력을 기울일 계획이라고 전했다.

그러나 과연 세종청사가 행정의 중심이 되고 있는지, 총리 주재 회의가 세종청사에서 개최되고 있는지, 총리의 외빈 접견이 세종청사에서 진행되고 있는지 묻지 않을 수 없다. 현실은 아니지 않는가. 국민을 상대로 허언을 한 것이 아닌가 말이다.

황 총리가 1,000억 원에 달하는 국가 재산을 연간 15억 원의 유지

비용을 들여가며 서울 생활을 고집하고 있는 것에 반해 수도권에서 불가피하게 출퇴근하거나 자비를 들여 세종시에 주택을 마련한 일선 공무원들의 상대적 박탈감은 커질 수밖에 없다. 불가피한 업무라는 핑계로 총리조차 세종시에 안착하려 하지 않는데, 그 어떤 공무원이 세종시에서 지내려고 하겠는가. 총리가 모범을 보이지 않는 이상 일선 공무원들은 세종시 체류를 기피하고 회피할 수밖에 없다.

황 총리의 세종시 정상추진에 대한 의지와 진정성은 늘 의구심을 사고 있다. 황 총리가 세종청사를 서울청사의 연락사무소 정도로 생각하고, 세종공관을 별장 정도로 여기고 있는 건 아닌지 우려스럽다.

황 총리는 세종청사 안착에 대한 특단의 대책과 결기를 보여야 한다. 차제에 서울공관을 매각하거나 민간이 이용할 수 있는 방안을 검토해야 한다. 또한 국회 분원 및 청와대 제2집무실 설치에 대한 공론화에 착수해야 한다. 그러나 이제까지 황 총리의 화법이 늘 애매모호했던 점을 감안하면 회의적인 생각이 드는 것도 어찌할 수 없는 노릇인가 보다. 기대를 접는 것이 속편한 일인지도 모르겠다.

2024.04 세월호 10주기 추모제 — 기억은 행동이 될 때 빛난다.

세월호 1년, 무엇을 남겼나

(2015.04.22.)

여배우 오드리 헵번을 좋아했다. 밤잠을 설치기도 했다. 「로마의 휴일」로 유명한 그녀는 영화적으로는 성공했지만, 두 번의 이혼을 겪으며 여자로서의 삶은 불행했는지도 모른다. 그녀의 귀엽고 여성스러운 이미지는 한때, 아니 지금도 뭇 남성들의 로망으로 자리 잡고 있다.

그러나 그녀가 더욱 아름답고 빛나는 이유는 나이가 들어 아프리카의 가난하고 고통 받는 이웃과 함께 낮은 삶을 살고자 노력했기 때문이다. 그녀의 위대한 존재 이전은 아직도 사람들의 가슴속에 깊은 울림으로 메아리치고 있다.

지난 9일, 오드리 헵번의 아들인 션 헵번과 손녀인 엠마 헵번은 세월호 유가족을 위로하기 위해 '세월호 기억의 숲'을 조성하겠다고 발표했다. 션 헵번은 "시들어가는 화환을 유족들에게 보내기보다는 자연과 같이 영원히 남을 수 있는 숲을 선물하고 싶다"고 말했다. 기억의 숲은 팽목항에서 4.16km 떨어진 전남 진도군 백동 무궁화동산에 조성된다.

이날 기자회견에서 인상적인 대목은 노란 리본과 노란 스카프를 두르고 기자회견에 임한 엠마 헵번의 발언이었다. 외모와 영혼까지도 할머니를 그대로 닮은 엠마는 세월호 유가족에게 "엄마로서 유족들이 겪은 아픔과 고통을 통감한다"며 "사랑하는 아이들을 잃은 가족들에게 '부디 포기하지 말라'는 말을 하고 싶다"고 말했다. 지난해 방문한 프란치스코 교황의 말씀처럼 세월호 유가족의 근원적 상처와 교감하려는 마음을 읽을 수 있다.

지난해 4월 16일, 304명의 영혼이 차가운 바다 속으로 사라졌다. 아직도 9명의 실종자는 우리들 곁으로 돌아오지 못하고 있다. 1주기를 맞이했지만 지난해와 달라진 것이 하나도 없다. 세월호 유가족은 팽목항으로 다시 걸어가고 있고, 광화문으로 다시 모이고 있다. 절규와 분노는 높아지고, 치욕과 고통은 깊어지고 있다.

아이들의 죽음을 볼모로 뱃속을 채우고자 하는 반인륜적인 집단으로 매도까지 당하고 있다. 만약 너의 아이었다면, 만약 나의 아이었다면, 근원적인 물음에 대한 성찰이 존재하지 않는다. 어느새 유가족은 시대를 같이 살아가는 이웃이 아닌 나와는 다른 타자(他者)로 고립되고 있다. 고통과 상처 속에 진실을 찾기 위해 절규하는 이웃에 대한 동질감은 부재하다. 정치가 조장하고, 언론이 침묵하고, 다수가 외면하며 관계의 단절을 부추기고 있다.

세월호는 '인간 존엄'이 침몰한 것이다. 이 침몰 앞에 그 누구 하나 당당한 사람이 없다면 존재의 근원 앞에 부끄러운 눈물을 흘려야 한다. 참회하고 성찰해야 한다. 정부는 정부의 입장에서, 언론은 언론의 입장에서, 국민은 국민의 입장에서 처절하게 반성하고 질문해야 한다. '인간 존엄'의 침몰 앞에 발가벗고 서야 한다. 다시는, 다시는 존엄을 훼손하지 않고 생명을 지키겠다는 약속을 해야 한다. 얕은 술수와 계산이 아닌 진심과 진정성으로 말이다.

이런 차원에서 정부가 입법예고한 세월호특별법 시행령은 진심과 진정성과는 한참 동떨어진 것이다. 상식과 예의라고는 전혀 찾아볼 수가 없다. 세월호 특별조사위원회의 인력과 예산을 축소하는 것도 모자라 공무원들이 주요 직책을 맡겠다는 것은 고양이에게 생선을 맡기는 격이다. 세월호 초기 대응에서 정부의 무능과 무책임이 대한민국호의 침몰로 이어졌다는 것을 모르는 이가 없다.

세월호 진상규명에는 성역이 있을 수 없다. 정부 또한 예외가 아니다. 세월호 조사대상이 세월호 조사주체가 되는 것 자체가 어불성설이다. 세월호 진실을 인양하기 위해서는 특별조사위원회의 독립성이 보장되어야 하고, 정부의 시행령은 폐기하는 것이 상식이다.

세월호 1주기를 맞아 세월호 유가족에 대한 배·보상이 횡행하고 있다. 아무런 대책도 제시하지 않던 정부에서 갑자기 '돈'으로 세월호 문제를 해결하겠다며 강력한 의지를 불태우고 있다. 세월호 참사를 단순 해양교통사고라 폄훼했던 여당 의원의 발언이 또다시 엄습

하는 듯하다.

아니 의원의 발언이야 돌출적 행동으로 치부할 수 있지만, '돈의 향연'을 펼치는 정부의 행태는 구조적이고 공세적이라는 점에서 절망스럽고 두렵기만 하다. 씻김굿을 해도 모자랄 판에 돈잔치를 하는 것이 말이 되는가. 인간에 대한 예의가 아니다. 진상규명이 먼저다. 사람이 먼저다. 생명이 먼저다. 돈 판을 걷어치우는 것이 마땅하다.

16일 박근혜 대통령은 중남미 순방을 위해 떠났다. 우리 정부가 대외적으로 약속해서 한 일이고 국가적인 사업들로 연기해야 할 특별한 이유가 없다고 얘기하면서 말이다. 지난해 세월호 담화를 발표하면서 진상규명을 위해 유가족이 여한이 없도록 하겠다는 대통령의 눈물의 약속을 기억한다. 과연 약속은 지켜지고 있는 것인가. 고통받고 상처받은 이들이 있는 낮은 곳으로 임하고 있는가. 오드리 헵번을 좋아한다. 아직도 가슴속에 살아 있다. 아니 영원히.

열세 살 소녀에게 우리가 답해야 한다

('세종 평화의 소녀상' 건립을 준비하며, 2015.01.22.)

열세 살 소녀는 일본군에 의해 강제로 연행되어 어디론가 끌려갔다. 그녀는 자궁을 들어낼 만큼 처참하게 짓밟히며 지옥 같은 삶을 살아야 했다. 열여덟에 해방을 맞이했지만, 그녀가 돌아갈 곳은 없었다. 아니 그녀를 받아줄 곳이 없었다. 고향도 국가도 아니었다. 스스로의 부끄러움에 세상과 담을 쌓고 한숨과 눈물로 삶을 이어가야 했다.

일본은 아시아 태평양 침략전쟁이 한창인 1930년대 초부터 패전을 맞은 1945년까지 어린 소녀들과 여성들을 강제로 연행하여 전쟁터로 끌고 다니며 일본군의 성노예로 만들고 인권을 유린했다.

전쟁이 끝난 후에도 소녀와 여성들은 전쟁터에 버려지거나 목숨을 잃었으며 고향에 돌아온 후에도 범죄 은폐와 왜곡 등으로 인해 자존을 회복하지 못하고, 50년 이상을 침묵을 강요당한 채 고통스럽게 지내야 했다.

1990년대 초부터 일본의 사죄와 배상을 요구하는 목소리를 내고 있지만 일본 정부는 요지부동이다. 전범국의 찬양, 피해국의 침묵, 국제사회의 방조라는 비겁한 카르텔로 인해 상처를 위한 씻김굿을 하고 있지 못하다. 일본 제국주의에 자행됐던 위안부 범죄에 대한 이야기이다.

지난 1월 15일, 세종시에서는 작은 강연회가 열렸다. '세종 평화의 소녀상' 건립을 위한 윤미향 정신대문제대책협의회 대표의 강연이었다. 윤미향 대표는 1992년부터 시작된 위안부 문제 해결을 위한 '수요시위'를 주도적으로 이끌어온 사람이다.

여성에 대한 보수적 문화와 한국 정부의 침묵 또는 방조로 인해 역사적으로 방치됐던 위안부 문제는 시민사회에 의해서 문제 제기가 시작됐고, 그 시발점이 된 것이 '수요시위'이다. 정부에 위안부 피해자로 등록한 할머니 239명 중에서 생존해 계신 할머니는 55명으로 평균 연령도 89살에 달한다고 한다. 시간이 얼마 남지 않았다는 것이다.

일본의 역사 왜곡은 그들이 일으킨 침략전쟁처럼 국가에 의해 철저하고 치밀하게 조직적으로 전개되고 있다. 군 위안부 부인, 평화 헌법의 무력화, 독도 영유권 주장, 야스쿠니 신사 참배, 일본 교과서 왜곡 등은 일본 군국주의와 국가주의의 화려한 부활을 의미하는 것이다.

2024.06 세종 평화의 소녀상 여름나기 행사 — 평화와 기억의 바람, 세종에서 불다.

그것도 모자라 일본 정부와 극우단체는 미국 교과서의 일본군 위안부 기술 내용을 왜곡하기 위한 조직적 움직임에 나선 것으로 확인되고 있다. 전쟁을 미화하고 정당화하려는 치졸한 몸부림이 역사의 수레바퀴를 거꾸로 돌리고 있다.

유대인 600만 명 학살이라는 인류 역사상 최악의 범죄를 저지른 독일이 오늘날 유럽의 중심국으로 당당히 자리매김할 수 있었던 것은 진정한 참회가 무엇인지를 담은 사진 한 장 때문이었다.

1970년 12월 7일, 폴란드 바르샤바 게토 희생자 추모비 앞에서 무릎을 꿇고 참회하는 빌리 브란트 총리의 눈물을 보면서 지구촌은 마침내 독일에 씌워진 전범국의 멍에를 벗겨 주었다. 그런 독일은 그 뒤로도 지금껏 2차세계대전을 일으키고 유대인을 학살한 전범들을 쫓고 있고, 매년 국회 연설 등을 통해 대통령과 총리가 사죄를 거듭하고 있다.

반면 일본의 아베 총리가 참배하러 간 곳은 희생자 추모비가 아니라 A급 전범을 추모하는 야스쿠니 신사였다. 독일로 치자면 히틀러 묘역에 참배를 간 꼴이다. 전범을 신격화한다는 것은 전쟁에 대해 사과하고 반성할 뜻이 없다는 것을 의미한다. 위안부 범죄에 대한 문제 의식의 출발이기도 하다. 가관인 것은 아베 총리가 얼마전 한일의원연맹 소속 한국 의원들을 만난 자리에서 일본군 위안부 문제가 "정치·외교 문제가 되는 것이 안타깝다"고 말하며 정치쟁점화되는 것에 대해 우려를 표명했다는 점이다.

군 위안부 강제연행 부인 발언, 침략전쟁 미화 발언, 야스쿠니 신사 참배 등으로 인해 국제사회에 말썽꾸러기가 됐던 것이 아베 총리가 아니던가. 방귀 뀐 놈이 성내는 꼴이다.

한국 정부도 위안부 문제를 비롯한 일본 식민지배와 침략전쟁에 대해 당당할 수만은 없는 입장이다. 1965년 굴욕적인 한일협정 체결로 인해 일본이 사과와 배상에 대해 이미 해결했다는 변명의 빌미를 제공하고, 외교적 마찰 등의 이유를 들어 강력한 조치를 취하지 못하고 있는 것이 현주소이다.

결국은 '수요시위'가 그러했듯, 시민들이 나서야 한다는 것이다. 아무도 주목하지 않았던 '수요시위'가 24년 넘게 꾸준하게 진행되면서 유엔을 비롯한 주요 나라에게 전쟁의 참상과 평화의 물결을 각인시켰듯이 말이다. '세종 평화의 소녀상' 건립도 이러한 문제 의식과 맥락을 같이하고, 당연히 시민들이 주도하고 시민이 참여하는 과정이 되어야 할 것이다.

세종시는 인구의 70% 이상이 전쟁을 경험하지 못한 젊은 세대로 구성되어 있다. 특히 일본 침략전쟁의 야만성과 폭력성을 현장에서 성찰할 역사교육의 장소가 부재한 것이 현실이다. 또한 '역사가 과거와 현재의 끊임없는 대화'라면 전쟁에 대한 비판적 성찰을 통한 평화와 통일의 시대적 과제를 체득하는 산교육의 장소가 필요할 것이다. '세종 평화의 소녀상' 건립이 과거와 현재, 미래를 관통하는 조망의 상징이 되길 기원한다.

‘세종 평화의 소녀상’ 건립은 올해 8월 15일 제막식을 목표로 3월 중으로 시민추진위 결성총회를 열 계획이다. 2000명 이상의 시민모금단을 모집해 모금단의 이름은 소녀상 주변의 박석에 새겨 역사에 길이 남길 생각이다.

세종시는 역동적으로 인구가 유입되면서 시민사회가 외형적으로 성장하고 있지만, 이를 추동할만한 내적 동력은 취약한 것이 사실이다. 따라서 ‘세종 평화의 소녀상’ 건립의 관건은 시민들의 자발적인 참여가 되어야 할 것이다.

해방 70년, 분단 70년이 되는 올해 모쪼록 시민들의 적극적인 참여와 관심으로 소녀상 건립이 목표를 이루고, 세종시가 실질적인 행정수도로 나아가기 위한 내적 경쟁력을 갖추기 위해 평화의 도시로 성장하길 바란다.

정치여, 낮은 곳에 눈 맞춰라

(세월호특별법 제정과 한가위, 2014.09.05.)

한가위다. 결실과 풍요로움을 상징하는 민족 최대의 명절이다. 그러나 한가위를 보내는 우리들의 마음은 편안하지가 않다. 지난 4월 16일, 세월호 참사 이후 정치의 신뢰는 처참히 무너졌다. 정치라는 것이 기본적으로 권력투쟁의 산물이라고 하지만, 현실세계에서의 정치는 더욱 비정하고 가혹하기만 하다. 인간의 얼굴을 한 정치, 억울하고 상처받은 이웃들을 포용하는 따뜻한 정치는 최소한 대한민국에서는 어려울 수도 있다는 단정이 섣부르게 드는 요즈음이다. 휴머니즘이 들어설 여지가 전혀 없고, 차갑고 날카로운 공격의 칼날만이 나라 전체를 횡행하고 있다.

프란치스코 교황이 4박 5일의 방한을 마치고 귀국하면서 남긴 "인간의 고통 앞에 중립은 없다"라는 말씀은 그래서 더욱 울림이 클 수밖에 없다. 교황에게는 어떠한 권위와 격식도 중요하지 않았다. 오로지 소외받고 상처받은 사람들의 눈높이에 맞추려 했고, 가슴으로 대화하고 공감하려 했다. 범인(凡人)으로서 처한 인간의 실존적 문제뿐만 아니라 대한민국이 처한 분단의 현실까지, 늘 현장에서 사람을 만나고 기도했다. 종교적·이념적 차이까지 존중하려 했고 포용하려 했다.

특히 세월호에 대한 교황의 인식은 확고했다. 입국하는 순간 세월호 가족을 만나면서 자신의 가슴에 손을 얹고 고통을 공감한 것은 그 어떤 정치적 행위로도 규명할 수 없는 묵시적 울림이었다. 대전 월드컵경기장에서도, 광화문에서도, 명동성당에서도 교황은 세월호 유가족 앞에 스스로를 내리고 가장 낮은 곳의 처절한 고통을 함께 짊어지려 했다. 교황이 세월호 유가족을 진심으로 만났다고 해서 정치적 행위로 규정한 사람은 눈을 씻고 봐도 찾을 수 없다. 종교의 차이, 정치적 차이를 떠나 모두가 공감했고, 언론까지도 진보와 보수를 떠나 교황이 몸소 실천하며 던져준 우리 시대의 과제에 대해 성찰했다. 영혼의 힘, 진정성의 힘, 현장의 힘도 인간에 대한 무한한 애정과 신뢰, 즉 휴머니즘에서 비롯된다는 평범한 진리를 깨우친 것이다.

이순신 장군의 명량해전을 모티브로 한 영화 『명량』이 최고의 흥행기록을 경신하며 전국을 강타하고 있다. 대기업이 제작과 배급을 맡고 있어 영화시장을 교란시키고 있다는 지적도 있고, '이야기의 힘'보다는 '영상의 힘'에만 의존하고 있다는 비판도 있다. 노골적으로 표현하자면 영화에 대한 인기라기보다는 이순신 장군에 대한 인기라고 보는 것이 적절한 듯싶다. '사즉생(死則生)'으로 조선을 지키고 백성의 마음을 얻었으나, 장수와 인간의 갈림길에서 고통 받고 결단할 수밖에 없었던 이순신의 고뇌는 우리 시대에 시사하는 바가 크다. 지도자들도 결국은 나약한 실존적 존재일 수밖에 없으나, 리더십의 출발은 백성이 되어야 하고, 백성을 향하는 마음이 지도자의 운명이자 사명이란 평범한 진리를 일깨우고 있는 것이다.

세월호 진상규명을 위해 수사권과 기소권을 보장하는 세월호특별법 제정을 두고 유가족과 정치권 사이에 공방이 지속되고 있다. '유민 아빠' 김영오 씨는 45일 동안 목숨을 건 단식을 감행했고, 세월호 유가족은 청와대 앞에서 농성을 하며 풍찬노숙하고 있다. 전국 곳곳에서도 농성장을 설치하고 릴레이 단식을 진행하는 등 청와대와 정치권의 관용과 결단을 촉구하고 있다.

그러나 지도자들의 모습은 대한민국의 낯부끄럽고 슬픈 자화상을 여과 없이 드러내고 있다. 눈물의 담화를 통해 "진상규명에 유족들의 여한이 없도록 하겠다"던 대통령의 약속은 지켜지기는커녕 김영오 씨를 비롯한 유가족의 의사를 철저하게 냉대하고 있다. 정치권은 세월호특별법 제정 등을 포함한 단 한 건의 법안도 통과시키지 못한 채 7, 8월 임시국회를 방치하고 있다. 무능 정치의 전형이다. 안타깝게도 한국사회에 정치만 실종된 게 아니다. 이성 또한 실종되고 있다.

일부 언론과 누리꾼들은 김영오 씨가 이혼했다는 등의 이유로 아빠 자격을 문제 삼으며 본질을 악의적으로 호도했다. 월 3만 원 회비의 국궁 취미를 귀족 스포츠로 왜곡하고, 심지어 주치의에 대한 국정원 사찰까지 제기되는 등 김영오 씨에 대한 신상털기가 마녀사

냥에 가까웠다. 결국 딸들과 주고받은 카카오톡 메시지와 양육비 통장 사본까지 공개하는 비극적 형국에 이르렀다. 불의의 사고로 자식을 잃은 아버지에 대한 명백한 폭력이다. 극에 달한 한국사회의 야만성이다. 부끄럽고 참담한 일이다.

박근혜 대통령은 세월호특별법 제정이 국회 본연의 역할이고, 청와대가 개입하는 것은 삼권분립 정신에 위배된다고 말하고 있다. 그러나 최근 박근혜 대통령과 최경환 부총리 등이 연일 국회를 압박하며 19개의 '민생·경제법안'의 통과를 강조하는 것은 아이러니가 아닐 수 없다. 경제위기와 민생법안 처리 지연이 마치 세월호 참사와 세월호특별법 때문인 것처럼 주장하는 것은 이치에 맞지 않는 일이다. 진상규명에 대한 근본적인 대책도 없이 경기부양론을 부각시키며 세월호 문제를 희화화하는 것은 정치권의 전형적인 물 타기이자 유가족에 대한 2차적 폭력이다. 인간에 대한 예의도 아니다.

여야와 유가족이 참여하는 3자협의체 구성도 '거부권'과 '의결권'을 지닌 입법권한을 행사하겠다는 것이 아니라 대화를 하자는 것이기 때문에 국회에 대한 입법권 침해 논란으로부터 자유로울 수 있다. 또한 수사권과 기소권 보장이 피해자의 입장에서 가해자를 재단해서는 안 된다는 형사법상 '자력구제 금지 원칙'에 위배된다는 논란 또한 유가족이 형벌권을 직접 행사하는 것이 아니라 특별검사를 추천하는 것이기 때문에 문제될 소지가 없다.

물론 법리적 해석의 차이가 있을 수 있다. 그러나 세월호 참사 이후 대한민국의 정치와 이성이 동반 추락하고 있는 절체절명의 상황이다. 인간에 대한 근본적인 성찰이 어떤 가치보다 우선되어야 할 시점이다. 프란치스코 교황과 이순신 장군이 시대와 종교를 초월하여 왜 울림을 주고 있는지 성찰하자는 것이다. 상처받고 고통 받는 유가족과 국민들에게 정치의 소임은 무엇인지 되묻자는 것이다. 어찌 보면 세월호 문제는 대한민국의 영혼과 국격이 한 단계 성숙해지는 성찰적 기제가 될 수도 있다. 수사권과 기소권을 보장하는 세월호특별법을 제정한다고 해서 국가의 근간이 흔들릴 만큼 대한민국의 법치체계는 허술하지 않다.

인간의 얼굴을 한 정치, 낮은 곳에 눈 맞추고 가슴으로 공감하는 정치를 기대해 본다. 박근혜 대통령을 비롯한 정치권의 관용과 결단을 촉구한다. 한가위다. 아마도 세월호 유가족과 국민들에게 한가위 최고의 선물은 세월호특별법 제정이 될 것이다.

지방선거와 시민사회의 사회학

(선거는 끝났다, 2014.08.11)

　6·4 지방선거가 막을 내렸다. 예비선거까지 포함하면 120일 동안의 기나긴 여정이었다. 우선 승자에게도, 패자에게도 격려의 말씀을 전한다. 승자독식 구조인 대한민국 정치문화에서 패자의 고통과 상실감은 더욱 클 것이다. 따라서 당선된 일꾼들은 경쟁자의 정책을 수렴하고 포용하는 통 큰 자세가 필요하다. 또한 선거과정에서 시민단체들과 정책협약을 하고, 유권자에게 약속한 공약을 임기 중에 성실히 이행해야 할 것이다.

　이번 지방선거는 세종시 출범 이후 처음으로 치러지는 선거라는 점에서 중차대한 의미를 지녔다. 또한 세종시의 중추기능을 다질 2020년까지의 자족적 성숙단계를 이끌어갈 지도자를 선출한다는 점에서 세종시의 미래와 직결되는 선거였다. 지금까지 지방분권과 국가균형발전을 위한 선도도시로 태어난 세종시가 법적·형식적 요건을 갖추는 시기였다면, 이제부터는 세종시의 도시계획과 국가정책목표에 기초한 인간존중의 도시, 친환경 도시, 문화예술의 도시, 국제명품의 도시를 지향하는 철학적·내적 요건 충족에 매진해야 할 시기다.

세종시의 시민단체들은 전국적으로도 일찌감치 지방선거 대응기구를 결성하여 시민사회의 의제와 역할을 제고하기 위해 활동했다. 지난 3월 12일 세종YWCA, 세종YMCA, 세종참여자치시민연대, 세종민예총, 세종교육희망네트워크는 '올바른 선거문화 정착을 위한 세종운동본부'를 발족하여 유권자의 알권리 충족과 공정하고 투명한 선거문화 조성을 위해 노력했다.

시장 후보 및 교육감 후보 토론회 개최, 정책제안 및 협약식 개최, 부정선거 신고센터 운영, 투표참여 및 사전투표 캠페인 개최 등을 주요 사업계획으로 설정하고 활동했다. 전국에서 최초로 시민단체가 주관하는 교육감 후보 토론회를 개최했고, 시장 후보와는 정책질의 및 협약식을 개최했다. 또한 세월호 추모 분위기를 이어가자는 취지에서 시장 후보 및 교육감 후보와 '로고송과 율동을 자제'하는 조용한 선거 서약식을 열었다. 세종교육희망네트워크에서는 교육감 후보와 정책제안 및 협약식을 개최했고, 세종YWCA는 투표참여 및 사전투표 캠페인에 동참했다.

다만 아쉬운 것은 세월호 참사로 인해 시장 후보 토론회를 개최하지 못했다는 점이다. 선관위와 방송국에서 주관하는 토론회는 방청객의 제한과 녹화방송으로 인해 치열한 토론과 현장 분위기를 반영할 수 없다는 맹점이 있었다. 물리적 시간의 부족함으로 인해 결과적으로 개최하지 못했지만, 시장 후보 간 치열한 현장 토론회를 어렵게라도 열었다면 언론의 관심과 유권자의 알권리 충족을 위해 기여했을 것이라 반문한다.

지금도 돌아오지 못하는 세월호 실종자로 인해 유가족과 국민이 비통에 빠져 있다. 또한 정부나 정치권에서 희생자를 위한 책임 있는 논의와 대책을 강구하지 못하면서 유가족과 국민의 불신과 분노는 깊어지고 있다. 세월호 참사로 인해 애도 분위기를 함께하자는 취지에서 일체의 선거운동을 자제하고, 공식선거 운동 기간에는 조용한 선거를 지향했지만 역설적으로 후보 간 철저하고 투명한 정책검증의 기회가 축소되었다는 점이 안타까움으로 남는다.

특히 조용한 선거 서약식을 통해 공명정대한 정책대결을 펼치겠다고 약속한 후보들이 공식 선거운동 기간에 돌입하면서 상대 후보에 대한 네거티브에 치중하는 모습을 보며 씁쓸한 마음을 지울 수 없었다. 올바른 선거를 지향하고, 공정한 선거를 약속하면 무슨 의미가 있냐고 반문하면서 하루에도 상대 후보를 비방하는 문자를 수차례 받는다며 실소하는 유권자의 말씀에 시민사회의 한계를 통감했다.

선거는 끝났다. 선거가 후보 개인이 아닌 진영 간의 경쟁이라면 갈등과 반목은 불가피한 것인지도 모른다. 선거를 축제라고 하지만, 현실은 전쟁에 가까운 것이 사실이다. 배신감도 있을 것이고, 쓰라린 상처와 고통도 있을 것이다. 선거를 한 번 치르고 나면 지역사회의 분열과 불신은 증폭되고 이것이 정치 냉소주의로 이어지는 악순환이 계속되고 있다. 당선인의 몫도 중요하지만, 지역의 갈등을 조정하고 통합해야 할 시민사회의 역할도 중요할 수밖에 없다.

약속을 지키는 지도자이길 기대한다. 세종시의 미래와 운명을 책임진다는 소명의식을 절감해야 한다. 당선 이후에 시민사회와의 정책협약서가 휴지로 전락하지 않으리라 믿는다. 실질적인 행정수도 건설, 읍면지역과 예정지역 간의 균형발전, 조치원 공동화 대책, 세종시특별법 개정안 후속조치 이행, 민관 거버넌스 구축과 시민참여 활성화 등에 대한 성실한 이행이 담보되어야 한다. 시민사회는 한편으론 협력자로, 한편으론 감시자로 본연의 역할을 수행할 것이다.

단군 이래 최초로 시민사회가 역동적으로 성장하고 있는 지역이 세종시이다. 특히 하반기에는 예정지역의 젊은 입주민이 대거 유입되면서 시민사회에 대한 다양한 과제와 역할이 분출될 것이다. 또한 세종청부청사 3단계 이전이 완료되면서 중앙정부에 대한 감시와 견제의 역할도 높아질 것이다. 행정─입법─사법으로 나뉘는 고전적 3권 분립시대에서 정치─시장─시민사회로 분화되는 신(新)3권 분립시대로 재편되고 있다. 세종시가 시민사회의 용광로가 되었으면 하는 바람이다. 비록 소소했지만 6 · 4 지방선거에서의 시민사회의 역할이 초석이 되었으면 한다.

조국 근대화에서 파생한 전근대의 산물

(세월호 참사와 술자리 파문, 2014.07.22)

"그동안은 가난하지만 행복한 가정이었는데, 널 보내니 가난만 남았구나." 세월호 어느 실종자 가족의 글이다. 대한민국의 부끄럽고 슬픈 자화상을 그대로 전달하는 글이다. 민심이 분노하고, 하늘이 울고 있다. 세월호 침몰과 함께 대한민국의 국격과 정부의 신뢰도 동반 침몰했다.

산업혁명 이후 근대사회가 태동하면서 개인의 자유와 민주주의도 신장되었지만, 통제와 감시를 핵심으로 하는 국가주의도 강화되었다. 미셸 푸코는『감시와 처벌』에서 근대사회를 '감옥의 역사'라고 명명하기도 했다. 국가는 효율적 관리라는 미명 아래 획일화와 표준화를 강조했다. 국가주의 앞에서는 전쟁도 독재도 정당화되었다. 박정희 대통령 시절 추진한 조국 근대화도 맥락을 같이 한다.

국가주의의 핵심은 통계학에 기초한 시스템의 관리이다. 국가 관리와 국민통제를 위해서는 정교하고 촘촘한 시스템 구축이 전제되어야 하기 때문이다. 역설적이게도 민주주의가 발전한 선진국일수록 국가의 효율적 관리를 위한 시스템 구축이 정교하다. 자본의 논리가 횡행하는 신자유주의도 경쟁력의 핵심은 시스템이다. 사람도 그렇지만, 시스템이라는 것도 위기관리에서 진가를 발휘한다.

세월호 참사로 목숨을 잃은 어린 학생들은 전 근대, 비정상의 희생양들이다. 이제 다시 아래로부터 시작해야 한다. 그 출발점은 6·4 지방선거가 되어야 한다.

세월호 침몰 이후 세종시에서도 선거운동을 자제하고 비통에 빠진 유가족과 국민의 상처를 어루만지는 애도사가 줄을 이었다. 모든 정당과 모든 후보가 그 뜻에 동참했다. 생사의 갈림길에서 처절하게 몸부림하는 어린 꽃들의 무사생환을 바라는 간절한 마음에는 차이가 없었다. 옳았다. 마땅히 그랬어야 했다.

그러나 전 국민의 무사생환 염원에 찬물을 끼얹는 희대의 사건이 발생했다. 전국적으로 언론의 지탄을 받은 술자리 폭탄주 파문이다. 모 정당의 청년모임에 유력한 시장 후보와 교육감 후보가 참여했고, 부적절한 발언과 처신으로 세종시의 명예와 자존심을 처참하게 실추시켰다. 술자리에 참석한 것 자체가 문제였다. 후보 자격을 떠나 지역의 어른으로서 부적절한 모임에 대해 꾸짖는 것이 도리였다.

특히 유력한 교육감 후보의 발언은 귀를 씻고 들어도 납득이 가지 않는 부분이다. 교육보좌관 운운하며 시장 후보에게 지지를 표명한 것은 선거법 위반은 차치하고라도 교육의 중립성과 독립성을 스스로 부정했다는 점에서 충격파가 대단하다. 더군다나 대한민국의 미래인 아이들이 차가운 바다에서 암흑과 사투하며 절규하고 있을 때 발생한 교육계 원로의 부적절한 발언이란 점에서 실망은 더욱 클 수밖에 없다.

술자리 폭탄주 파문은 단순한 개인의 실수로 치부해서는 안 된다. 연고주의에 기초한 지역 기득권 구조의 비정상적 행태가 낳은 필연적 결과이다. 그물망처럼 켜켜이 쌓인 토착 기득권 구조에서는 합리적이고 상식적인 판단의 폭이 줄어들 수밖에 없다. 이렇게 일상화되고 습관화된 연고주의의 총체적 구조가 대한민국에 만연한 것이 엄연한 사실이다.

세월호 참사와 술자리 파문은 전근대의 산물이다. 전자가 시스템의 부재였다면, 후자는 연고의 과잉이었다. 근대의 가장 위대한 작품이라고 하는 '이성'과 '합리성'이 존재할 수 없었던 총체적 부실의 집약체였다. 위기관리 시스템의 부재는 1970년대 이후 조국 근대화 과정에서 변형된 국가주의의 사생아였다면, 연고의 과잉은 정치적 과정에서 강화되고 악용된 지배 권력의 사생아였다. 아이러니한 것은 전근대의 산물이 조국 근대화에서 파생되고 강화됐다는 점이다.

대한민국은 전근대와 근대, 탈근대가 씨줄과 날줄로 얽힌 복합사회이다. 혹자는 이러한 다층적 구조에서 대한민국의 경쟁력인 역동성을 찾기도 한다. 그러나 발전모델에 대한 지향이 어떠하든 간에 핵심은 '비정상의 정상화'이다. 국가에서부터 개인에 이르기까지 근본적인 성찰과 합리적인 제도적 개혁이 절실하다.

6·4 지방선거를 앞두고 세월호 참사로 인해 안타까운 것이 후보들의 자질과 정책을 검증할 시간이 부족하다는 것이다. 5월 10일을 전후로 각 정당의 후보들이 확정되는 만큼, 지속적인 애도와 함께 후보들에 대한 철저한 검증도 병행해야 할 것이다. 세월호 참사로 인한 정치 불신으로 인해 투표율이 저조할 것이라는 전망도 나오지만 기우로 그치길 기대한다. 시민사회에서는 각 정당과 후보에게 조용한 선거를 유도하기 위해 '율동'과 '로고송' 금지를 제안할 계획이다.

　어린이날 행사도 대부분 취소되었다. 아이들에게 한없이 부끄럽고 미안한 마음뿐이다. 세월호 참사로 인한 슬픔과 분노를 결코 잊어서는 안 될 것이다. 전근대의 희생양, 비정상의 희생양으로 스러져간 학생들에게 진심으로 고개 숙여 용서를 구한다. 그리고 다짐한다. 다시 시작하겠다고. 아래로부터 출발하겠다고. 그 시발점이 6·4 지방선거가 되었으면 하는 바람이다.

'선거=축제' 시민 참여가 관건

('올바른 선거문화 정착을 위한 세종운동본부' 발족에 부쳐, 2014.07.22.)

세종시의 시민단체(NGO)들이 6·4 지방선거에 대응하기 위해 본격적인 행보를 시작했다. 세종YWCA, 세종YMCA, 세종참여자치시민연대, 세종민예총, 세종교육희망네트워크 등은 지난 10일 세종시청 기자회견실에서 '올바른 선거문화 정착을 위한 세종운동본부' 발족 기자회견을 개최하고, 6·4 지방선거에서 시민사회의 적극적인 참여와 역할을 선언했다.

과거 연기군 시절에는 계속되는 부정선거로 인해 '부정선거하면 연기군'이 떠올랐던 부끄러운 경험이 있다. 이날 발족기자회견 개회사에서 이동규 세종YMCA 운영위원장이 "지난 연기군 시절 부정선거로 인해 뼈아픈 상처가 있다"면서 "시민들의 적극적인 참여로 민주주의 꽃인 지방선거가 축제의 장이 되도록 노력하겠다"고 말한 연유도 여기에 있다.

시민운동본부는 시장 및 교육감 후보 초청토론회 개최, 시민의제 제안 및 정책협약식 개최, 공정선거 및 투표참여 캠페인 개최, 부정선거 신고센터 운영 등을 계획하고 있다. 6·4 지방선거에서 유권자의 알권리를 충족하고, 투표참여를 통한 당당한 주권행사와 객관적인 판단의 준거를 제시하기 위함이다.

전국적인 상황은 각 지역별로 지방선거에 대응하기 위한 대동소이한 시민운동 기구가 조직되고 있고, YMCA와 YWCA, 참여자치지역운동연대와 같은 전국적 네트워크 조직은 국가 주요의제에 공동 대응하기 위해 협의에 들어간 상황이다. 이제까지 시민사회의 선거 대응방식은 공정선거 촉구 및 감시활동, 낙천낙선 운동, 좋은 정책 및 좋은 후보 추천 운동 등의 다양한 유형으로 전개됐다. 세종시에서의 대응방식은 국가 의제와 지역 의제의 결합, 공정선거 촉구 및 감시활동, 투표참여 및 좋은 정책 제안 등과 같은 포지티브 성격의 운동으로 진행할 예정이다.

솔직히 6·4 지방선거에서 시민사회의 대응과 관련하여 고민이 적지 않다. 전국적으로도 2010년 지방선거와 비교하여 시민사회의 정치적 개입력은 약화된 상황이다. 2010년에는 '4대강 사업 검증' '무상급식'과 같은 굵직한 시민사회의 의제가 있었고, 집권 3년차를 맞은 이명박 정부에 대한 중간평가의 성격이 강해 시민사회의 활동력이 강화될 수밖에 없었다. 반면 올해 6·4 지방선거는 전국적인 쟁점을 형성하기 위한 의제 설정이 쉽지 않고, 집권한지 1년 4개월밖에 되지 않은 박근혜 정부에 대한 중간평가의 성격도 애매모호한 형국이다.

세종시에서는 예정지역의 급속한 인구 유입과 도시문화 조성 등으로 인해 외형적으로 시민사회가 역동적으로 성장하고 있지만, 아직까지는 시민단체의 태동기로 환경, 문화, 여성, 문화, 평화, 복지, 인권 등 시민사회의 다양한 의제를 대변할 수 있는 조직이 태없이 부족한 상황이다. 안타깝게도 '올바른 선거문화 정착을 위한 세종운동본부'에 보다 많은 시민단체가 참여하지 못하는 태생적 한계이기도 하다. 시민사회의 다양한 분화 및 활성화를 위한 노력이 향후 우리 모두의 과제인 이유다.

그러나 시민사회의 역량이 취약하다하여 가만히 손을 놓고 있을 수는 없는 법이다. 이번 지방선거가 세종시 출범 이후 처음으로 치러지는 선거이고, 온전한 4년 임기의 수장을 선출한다는 점에서 의미가 크다. 또한 향후 세종시의 미래와 운명을 결정지을 바로미터가 될 2020년까지의 세종시 '자족적 성숙단계'를 이끌어 나갈 대표를 선출한다는 점에서 중요하다. 특히 자녀에 대한 교육 기대를 갖고 세종시에 입주한 학부모들에게는 교육감 선출이 중차대하게 다가올 것이다.

세종시는 지방분권과 국가균형발전을 위한 선도도시로 태어났다. 전국이 골고루 잘사는 나라를 만들기 위해 대한민국의 중핵도시로 탄생한 세종시가 진면목을 갖추기 위해서는 시민들의 자발적인 참여가 대전제가 되어야 한다. 연서면 신대리 시멘트 공장 입주 철회, 첫마을의 소음 및 열병합발전소 대책 등에서 알 수 있듯 지역사회의 갈등조정 과정에서 가장 큰 몫을 차지하는 것은 주민들의 참여와 대안 제시이다. 특히 첫마을에서의 민원은 전문성을 놓고 본다면 전국에서도 으뜸으로 칠 정도로 타의 추종을 불허한다.

  세종참여자치시민연대에 들어오는 민원을 보면 어느 면 지역 다방 아가씨의 부당한 인권 침해나 건물주의 초법적인 재산권 행사에 대한 불이익으로 피해를 호소하는 등 사회적 약자의 억울함을 토로하는 안타까운 경우가 많다. 뿐만 아니라 행복도시 도시기본계획에서는 대중교통중심도시를 목표로 하고 있지만 얼마 전 발표된 세종시 2030 도시계획은 이와는 역행하는 측면이 강하다는 점, 도담동 복합커뮤니티 센터가 민자 위탁으로 운영될 경우 비정규직 양산과 서비스 요금 인상으로 인해 주민들이 피해를 볼 것이라는 점, 세종청사 공무원들의 출퇴근 버스 증차로 인해 세종시 조기정착과 활성화에 걸림돌이 되고 있다는 점, 어느 생활권에서는 학교용지 공급이 가능함에도 관계 기관의 무사 안일주의와 행정 편의주의로 인해 학부모와 학생이 고초를 겪고 있다는 점 등 그 민원의 내용과 성격도 다양하다.

  모든 사물과 현상에는 양가적 성격이 있겠지만, 세종참여자치시민연대에 접수되는 민원을 분석해 보면 개인적 민원보다는 공익적 민원이 많고 강하다는 점이다. 이것은 단순하게 환치하면 국가정책 목표에 의해 태어난 세종시가 본래 목표대로 성장하길 바라는 시민들의 염원이 반영된 것으로 해석된다. 하버마스의 표현을 빌리지 않더라도 그것의 연유가 이기적이든, 이타적이든 간에 세종시에 공론의 장이 만개한다는 것은 민주주의 정착을 위한 긍정적 전제임이 분명하다.

　여기에서 출발하자는 것이다. 6·4 지방선거에 대응하기 위해 출범한 '올바른 선거문화 정착을 위한 세종운동본부'가 형식이나 내용적으로 부족한 면이 많지만, 시민들의 적극적인 관심과 참여로 보완하자는 것이다. 아니, 이런 깜냥(?)도 안 되는 시민단체에 소극적으로 바랄 것이 아니라, 우리 시민들이 직접 나서 선거를 축제의 장으로 만들고, 당당한 주권행사를 통해 우리 아이들이 보고 배우는 민주주의 교육의 장으로 만들자는 것이다. 먼 훗날, 6·4 지방선거가 세종시민들의 자발적인 참여로 인해 세종시 완성의 주춧돌을 놓았다는 기분 좋은 역사로 기록되길 기원한다.

다시 민주주의

(세밑에서, 2005.10.28.)

새해 첫머리가 엊그제 같은 데 벌써 세밑입니다. 가는 세월 잡을 수 없고, 오늘 세월 막을 수 없는 것이 삶의 이치라지만 세월의 속도가 가히 빠르게만 느껴집니다. 요즘 TV에서 본 어떤 광고 카피가 떠오릅니다. '용기 있는 사람만이 가슴 떨리는 삶을 살 수 있습니다!' 올해에도 얼마나 용기와 열정을 갖고 치열하게 살았는가 하는 질문을 던져 봅니다.

20대 청년 시절은 시대와의 불화까지도 사랑했던 열정과 눈물이 있었습니다. 비록 거칠고 서툴렀지만, 순간을 사랑했고 고투를 피하지 않았던 시절입니다. 이제는 세상에 길들여지고, 타협하려 하고, 안주하려 하는 유혹에서 자유롭지 못한 삶의 길목에 서 있습니다. 소박한 성찰과 새로운 도전이 필요한 시기입니다.

올해 가장 안타까운 기억은 지난 6월 전두환 전 대통령의 대전 현충원 방문을 막지 못했던 것입니다. 방송사 기자로부터 방문 소식을 듣고 서둘러 출발했지만, 전두환 전 대통령 일행보다 도착이 늦어

2025.03.13 더민주세종혁신회의 출범식 — 새로운 세종, 혁신의 중심에서.

그들의 현충원 참배를 결과적으로 막지 못했습니다.

12·12 군사쿠테타로 국권을 유린하고, 무고한 광주시민을 잔인하게 학살하며 정권을 찬탈한 사람이 호젓하게 현충원을 방문한다는 것이 용납되지 않았습니다. 호국영령이 잠들어 계신 현충원 방문을 막지 못했다는 부끄러움과 자괴감에 분을 삭이지 못했습니다. 참배하고 나오는 차를 몸으로 막아내고 목놓아 외쳐봤지만, 돌아오는 것은 그를 아직도 대통령으로 인정하고 있는 대한민국의 슬픈 자화상이었습니다.

올해 가장 가슴 떨리던 기억은 헌법재판소에 의해 '행정중심복합도시특별법'이 합헌결정을 선고받던 날이었습니다. 지난해 10월 21일 신행정수도 위헌 결정 이후, 13개월 동안의 눈물겨운 투쟁의 성과가 결실을 맺는 것 같아 고맙고 자랑스러웠습니다. 전국이 고루 잘사는 나라를 만들기 위한 초석으로 신행정수도 후속대책 마련을 위해, 행정중심복합도시의 합헌결정을 위해 혼신의 힘을 다해 살았고 또 싸웠습니다. 진보와 보수라는 정견의 차이는 중요하지 않았습니다. 민과 관이라는 구분 또한 필요하지 않았습니다.

초기의 사소한 오해와 갈등은 행정중심복합도시 건설과 충청권의 단결이라는 대원칙 아래에서 자연스럽게 해소되었습니다. 특히, 정견의 차이를 떠나 혼연일체가 되었던 신행정수도 건설을 위한 범대전시민연대, 범충남도민연대, 범충북도민연대, 연기군 비상대책위 동지들을 생각하면 여전히 가슴이 저립니다. 고맙고 자랑스러운 분들이고 모두가 새해에도 건승하시길 기원합니다.

올 겨울도 사랑의 열매와 구세군 자선냄비가 어김없이 찾아왔습니다. 사랑의 온기를 나눌 것을 호소하지만, 돌아오는 메아리의 울림은 그리 크지가 않습니다. IMF 외환위기를 모범적으로 극복한 나라로 칭송을 받지만 삶의 실상은 고단하고 힘겹기만 합니다. 민생경제는 살아날 줄 모르고, 이웃들간의 삶의 격차는 갈수록 커져만 갑니다.

비정규직은 늘어나고, 중산층은 몰락하고, 신빈곤층은 거리로 내몰리고 있습니다. 패자부활전의 기회가 부족한 우리나라에서 무한경쟁과 속도전에서 탈락한 사람이 설 자리는 더욱 작아지고 있습니다. 성장과 분배가 선순환하는, 경제와 복지가 함께하는 지속가능한 사회발전모델에 대한 사회적 공론화와 합의가 절실합니다. 모쪼록 새해에는 모두가 새롭게 도전하는 한해가 되길 희망합니다.

전두환과 한 청년의 삶

(2005.07.06.)

지난 6월 1일 오전 9시경에 대전 모 방송국 기자로부터 다급하게 전화가 왔다. 전두환 전 대통령이 대전 현충원을 참배하러 온다는 것이었다. 그의 장인과 하나회 선배이자 쿠데타 동지인 유학성의 묘를 참배하기 위해 오전 11시 경에 현충원에 방문한다는 첩보였다. 마치 전시체제라도 된 듯 시민단체 활동가를 비롯한 여러분께 긴급하게 연락을 취해 10시 30분까지 대전 현충원 정문에 모여주실 것을 간곡하게 요청하였다.

5 · 18 광주와 무관하지 않았던 학생 시절을 보낸 우리에겐 이것은 분명 전쟁이었다. 신문사 기자가 꿈이었고, 교사셨던 아버지께 짐이 되기 싫었던 한 청년에게 학생운동은 가까이 하기에는 먼 남의 일에 불과했다. 고등학교 때까지의 획일화된 교육에 대한 반발 때문이었던가, 그 청년은 강의실보단 막걸리 냄새가 풍기는 학교 동산이나 허름한 술집에서 친구들과 어울리는 것을 좋아했다.

그렇게 1년이 지나고 대학 2학년이 된 청년은 담을 쌓고 살았던 학생시위에 동참하게 된다. 당시 조선대 이철규 학생의 의문사 진상 규명을 위한 시험거부 및 가두시위가 연일 계속되었다. 그리곤 그해 여름이었던가, 다 쓰러져가는 초가집처럼 고단하게 몸뚱이를 지탱하고 있는 광주 망월동 구묘역을 처음 찾았다.

광주민주화운동의 진실이 밝혀지기 훨씬 전이었던 시절, 억울하고 슬픈 원혼들이 잠들어 계신 적막의 묘에서 바람도 울고 새들도 울고 모두가 울고 있었다. 어떻게 8개월된 임산부를 그것도 총검으로 무자비하게 살육할 수 있단 말인가? '여보 당신은 나에게 천사였소'라는 묘비명 앞에서 그 청년은 한없이 작아지고 있었다. 전두환 전 대통령은 그 청년의 삶을 그렇게 송두리째 바꿔 놓았다.

12·12 군사쿠데타로 국권을 유린하고, 무고한 광주시민을 잔인하게 학살하며 정권을 찬탈한 사람이 호젓하게 현충원을 방문한다는 것이 정상적인 뇌구조를 갖춘 사람이라면 과연 가능한 일인가? 대한민국의 정통성과 국권을 수호하기 위해 산화한 호국영령이 잠들어 계신 국립묘지에 국권을 찬탈했던 인물이 참배를 하고, 신당을 준비하고 있는 모 지사는 동행까지 했다하니 그러한 빈곤한 역사의식으로 무슨 새로운 정치를 하겠다는 것인지, 개탄스럽고 한심스럽기 짝이 없다.

전두환 전 대통령은 차를 바꿔타고 도망치듯 현충원을 빠져 나갔다. 정공법을 즐겨쓰던 그가 우회전술을 쓰는 것을 보니 유연해진 것인가, 나이가 들어 비겁해진 것인가?

고급 승용차 타고 몇십 명 동원하여 현충원 방문할 시간이 있으면 추징금 갚는 것이 인간의 도리다. 다시는 현충원에 발을 들여놓을 생각조차 하지 말길 엄중하게 경고한다. 도망다니면서 살기엔 자손들에게 너무 부끄럽지 않은가?

제2부
행정수도 1

행정수도 개헌, 질서 있는 공론화 필요하다

(2025.02.21.)

선(先) 내란극복 및 헌정질서 회복, 후(後) 개헌 공론화가 바람직…대통령실 세종 완전 이전이 새로운 대한민국 건설의 출발

조기 대선을 전제로 대통령실과 국회 세종 완전 이전, 행정수도 개헌 등의 의제가 봇물 터지듯 쏟아지고 있다. 유력 대권 후보들이 앞다퉈 세종시 의제를 발언하는 걸 보면 그래도 세종시가 주목받는 것 같아 다행이지만, 개헌 논의는 소모적인 논란을 떠나 질서 있고 실효성 있는 공론화의 과정을 거쳐야 한다.

2004년 신행정수도 위헌 결정으로 대통령실과 국회의 세종 완전 이전을 위해서는 행정수도 개헌이 필수적이지만, 작금의 개헌론은 내란 및 탄핵을 희석화하고 본질을 외면할 수 있다는 점에서 섣부르고 위험한 제안으로 평가할 수밖에 없다.

물론 개헌은 시대정신을 반영하는 것이고, 변화된 조건을 능동적으로 반영하는 최상위의 국가제도이자 법체계이다. 경제화와 민주

화를 동시에 이뤄낸 모범적 근대국가에서 초현실적인 내란사태가 작동된 현실도 그러하고, 민주공화국으로서의 새로운 대한민국을 건설하기 위한 헌법적 대전환을 부정할 수는 없다.

그러나 개헌을 위해서는 그릇도 중요하지만, 시점(타이밍)도 중요하다. 민주주의가 부정되고 헌법의 근간이 유린당한 현실에서는 더욱 사태의 본질에 대한 평가와 성찰이 전제되어야 한다. 현실에 대한 정직하고 냉정한 직시없이 미래만을 강조하고 조망하는 것은 언어도단이자 사상누각이다.

지금의 당면 과제는 내란을 극복하고 헌정질서 및 민주주의를 회복하는 것이 우선이고, 개헌은 민주헌정 질서를 회복한 토대에서 질서 있게 진행하는 것이 정치적 합의 및 국민적 공감대를 형성할 수 있는 합리적인 방안이다. '선(先) 내란극복 및 헌정질서 회복, 후(後) 개헌' 공론화가 바람직한 방도이다.

2002년 대선에서 당시 노무현 후보가 신행정수도 공약을 제시한 이후, 각종 선거에서 세종시 행정수도 완성 공약은 충청권의 핵심 공약이었다. 윤석열 내란 정부조차도 행정수도를 넘어 진짜 수도를 만들겠다고 확약했으나, 약속했던 격주 국무회의 세종 개최는 단 2회에 불과했고, 대통령 세종집무실과 국회 세종의사당 완공 시기는 지속적으로 지연되고 있다.

'누구나 다 말로는 할 수 있는' 수사적이고 현학적인 행정수도 공약은 종지부를 찍어야 한다. 560만 충청인은 행정수도 헛공약에 따른 정치적 피로감과 배신감이 극도로 누적되어 있다. 대통령 공약에는 선언적 수준을 넘어 행정수도 개헌을 포함한 구체적인 실행 계획이 담겨야 하고, 임기 5년 동안의 단계적 로드맵을 제시해야 한다. 진정성과 의지, 절박성을 입증해 보여야 한다.

새해 벽두에 윤석열의 비상계엄과 탄핵 국면 등으로 인해 조기 대선 등 정치 일정이 급변하고 있는 상황에서 '용산 대통령실 무용론'과 '광화문 청와대 불가론'이 대두될 수밖에 없고, 이에 대한 현실적 대안으로 '대통령실 세종 완전 이전'을 고려해야 한다고 강조한 바 있다.

대통령실 세종 완전 이전은 행정수도 완성의 상징적 조처이자 핵심적 기능이다. 대통령실 세종 이전을 필두로 행정부, 입법부, 사법부의 완전 이전, 대사관을 포함한 외교 및 언론의 이전, 이와 연계된 기업 및 단체의 연쇄 이동은 현실이 될 것이다. 새로운 대한민국의 건설은 대통령실 세종 이전이 출발이 되어야 하고 중추가 되어야 한다.

새해 벽두, 행정수도 세종

(2023.01.01.)

세종시는 수도권 과밀 해소와 국가균형발전을 위한 선도도시로 태어났다. 참여정부에서 국가균형발전은 지방분권과 함께 국정 과제로 격상됐다. 비록 2004년 신행정수도 위헌 결정으로 인해 행정중심복합도시로 축소되어 추진되고 있지만, 전국의 혁신도시와 연계하여 국가 주도의 국책사업으로 국가균형발전을 주도하고 있다.

그러나 행정중심복합도시라는 반쪽짜리 위상으로는 국가균형발전을 선도하기에는 분명한 한계에 봉착했고, 행정수도로의 위상 강화와 이를 기반으로 충청권 메가시티의 필요성이 절박하게 제기됐다. 행정수도가 특정 정파의 전유물이 아닌, 수도권과 지방의 상생을 견인하는 국가균형발전 전략으로, 초정파적 국가적 과제라면 강력하고 일관되게 추진하는 것이 바람직하다.

안타깝게도 진보와 보수 정권의 교체기에 행정수도의 정체성과 위상은 혼란기에 직면하곤 했다. 대표적인 것이 여야 합의에 따라 추진 중이던 행정중심복합도시를 백지화하려고 했던 이명박 정부의 세종시 수정안 논란이다. 지금은 이미 행정중심복합도시 특별회계를 전체 한도액 8조 5천억 원 중에서 70% 이상을 집행했고, 2030년까지 완성을 목표로 현재진행형으로 건설 중인 도시이기 때문에, 정체성을 근본적으로 훼손하는 것은 현실적으로 불가능하다.

문재인 정부에서 '국회 세종의사당 건립' 법안이, 윤석열 정부에서는 '대통령 세종집무실 설치' 법안이 여야 합의로 국회에서 통과되었고, 정부의 로드맵에 따르면 2027년을 기점으로 청와대 및 국회 세종시대가 개막할 것으로 기대했으나, 곳곳에서 경고음이 울리고 있다. 우선 11월 중순 국회사무처에서 '세종의사당 설치에 관한 국회규칙'을 11월 중에 운영위에서 심의 · 의결해 달라고 요청했다는 보도가 있었지만, 현재 국회의장과 국회사무처는 뚜렷한 입장표명 없이 발의조차 하지 않고 있다.

또한 대통령 세종집무실 추진도 비슷한 상황으로 지난 8월 정부는 '대통령 세종집무실 건립 관련 계획'을 발표하면서 2027년 완공을 목표로 올해 정기국회 예산 심의과정에서 설계비를 증액 추진하기로 당정 간에 합의하고, 내년 상반기에 기본계획 수립이 완료되면 즉시 설계에 들어가겠다고 했으나, 실상은 선언적인 수준에 머무르고 있다.

구체적으로는 국비로 국회 세종의사당 건립 토지매입비(6천676억원)의 5%인 350억 원, 대통령 세종집무실 비용 3억 원이 반영되었으나, 당초 세종시는 국회 세종의사당과 대통령 세종집무실에 관한 최초 제출 예산으로 각각 700억 원, 40억 원을 요구했고, 상임위에서 국회의사당 700억 원, 대통령 집무실이 10억2천700만 원을 통과한 것에 비하면, 본회의 통과 예산은 기대에 못미치는 아쉬운 성적으로 평가받을 수밖에 없다.

국회 상임위 이전 규모 등을 포함한 국회 규칙이 조속히 제정되어야 국회 세종의사당을 차질없이 추진할 수 있다. 현재 가장 큰 문제는 국회의장과 국회 사무처의 직무유기이다. 또한 대통령 세종집무실 또한 설계비가 대폭 반영되고 구체적인 이행계획이 수립되어야 함에도 불구하고, 대통령 세종집무실 비용으로 1억 원을 책정한 정부 예산안에서 볼 수 있듯, 정부의 의지와 진정성에 대해 비판하지 않을 수 없다.

세종시의 근본 정체성은 '행정수도'이고, 행정수도 완성을 위해서는 세종시 민관정의 공동대응이 원칙이 돼야 한다. 국회 세종의사당과 대통령 세종집무실 설치를 위해서 새해에도 고삐를 바짝 틀어쥐고, 강력하고 일치된 목소리를 내야 한다. 행정수도라는 토대가 흔들리고 무너지면, 미래전략수도와 자족기능 확충, 경제자유특구 조성, 충청권 메가시티 추진 등도 동력을 상실한다. 2023년 계묘년에도, 행정수도 세종을 위해 함께 뛰어야 하는 이유이다.

국회 세종의사당 건립규칙,
신속하고 담대한 합의 필요

(2022.11.13.)

'국회 세종의사당 동지회'란 모임이 있다. 지난해 국회 세종의사당 건립을 위한 국회법 개정안 국회 통과가 여야의 첨예한 대립으로 교착 상태에 직면했을 당시 전국의 258개 단체가 참여하여 '국가균형발전과 국회 세종의사당 건립을 위한 범국민 비상대책위'(이하 '비대위')를 결성했다. 비대위 목표인 국회법 개정안 통과로 비대위는 지난해 해산되었지만, 비대위 정신을 계승하고자 하는 취지에서 '국회 세종의사당 동지회'를 구성하여 정기적인 만남을 이어오고 있다.

지난해 7월 28일 비대위가 출범하면서 국회법 개정안 통과를 위해서라면 단식과 국회 농성까지 불사하겠다는 결연한 각오로 민·관·정 단일대오를 구성하여 대응했다. 국회 앞 릴레이 1인 시위, 행정수도 사수 투쟁 기록 사진전, 국회 운영위원회와 국회 의장단을 대상으로 한 호소문 발송, 국회법 개정안 촉구 현수막 퍼포먼스, 대규모 현수막 게첩, 성명 발표 및 언론 기고, 충청권 및 전국의 시민사회와의 연대 등의 활동을 했다. 이러한 활동의 성과로 지난해 9월 28일 국회법 개정안 본회의 통과를 이뤄냈다.

2023.10 국회 세종의사당 건립 국회규칙 통과 환영식 — 세종, 행정수도의 꿈에 한 걸음 더.

통상적으로 국회법 개정안 통과로 국회 세종의사당 건립은 2027년 완공까지 순항할 것으로 대부분 알고 있지만, 국회 세종의사당이 국회와 정부의 업무 효율성 제고와 함께 국가균형발전의 상징성을 내포하고 있으면서도, 여야 대립이라는 산고 속에서 탄생한 여야 합의의 산물이란 점에서, 정치적 변수에 의해 언제든 변동될 수 있는 '정치적 불확실성'을 속성으로 하고 있다는 맥락적 이해가 필요하다.

가장 시급한 당면과제는 국회 세종의사당 건립을 위한 규칙 제정이다. 지난해 9월 28일, 국회 세종의사당 건립을 위한 국회법 개정안이 여야 합의에 따라 국회 본회의를 통과했고, 세종시에 국회 분원(세종의사당)을 두고 그 설치와 운영, 그 밖에 필요한 사항은 국회규칙으로 정하도록 했다. 부대의견으로 국회 사무처는 세종의사당 건립에 관한 기본 계획을 조속히 수립하고, 계획 수립 시 국회 운영의 비효율화 최소화 방안을 포함하도록 규정하고 있다.

이광재 국회 사무총장은 11월 2일 국회 운영위원회 답변 과정에서 세종의사당 건립과 관련 "12월 전에 이전범위 확정하는 국회규칙 정해야 하고, 내년도 땅 사는 예산(부지 매입비) 10%까지는 확보해야 한다"고 강조했다. 그러면서 "11월 중 운영위에 용역서를 보고할 것이며 운영위가 이전기관과 내년 예산, 땅 사는 것 설계예산까지 확정 지어 주셔야 한다. 그때 많은 말씀 주시면 적극 반영하겠다"면서 여야 운영위원들의 협조를 요청했다.

즉 세종의사당 건립 실무를 총괄하는 이 총장이 연내 국회규칙 제정과 내년 예산확보 시급성에 대해 언급한 것이다. 쟁점은 이전 상임위원회 규모다. 이전 규모는 세종시 소재 정부 부처를 관장하는 상임위 11곳과 예결위, 국회사무처, 입법조사처 일부 그 이상이 돼야 한다. 서울과 세종의 정치 행정의 이원화로 인한 국회 행정의 비효율성은 불 보듯 뻔하다. 국회의 중추기능인 국회 본회의장과 국회의장실이 서울에 잔류하면 위헌이 아니라는 것이 헌법학계의 중론이라면, 국회 완전 이전을 고려한 국회 상임위 전체 이전에 대해서도 능동적으로 접근해야 한다.

국회규칙의 조속 제정, 내년 예산에 최소한 부지 매입비 등을 확보하기 위해서는 행정수도 완성 운동 과정에서 대원칙이었던 세종시민관정의 공동협력과 대응이 절박하다. 2027년 완공을 목표로 하는 국회 세종의사당 건립 로드맵이 차질을 빚어서는 안 되는 만큼, 그 첫 단추가 여야 합의에 의한 규칙 제정이다. 규칙 제정은 신속하게, 상임위 이전 규모는 담대하게 접근할 것을 기대한다.

대통령 세종집무실, 약속이행과 실행이 관건이다

(2022.09.04.)

8월 28일 행정안전부(장관 이상민)와 국토교통부(장관 원희룡), 행정중심복합도시건설청(청장 이상래)은 올해 기능·위치·규모 결정에 이어 2027년 상반기 완공을 목표로 하는 대통령 세종집무실 건립계획을 발표했다. 2단계 폐기 논란을 반면교사로 삼아 선언에 그치는 것이 아니라, 약속이행과 실행으로 진정성과 의지를 입증하는 것이 핵심 과제로 대두된다.

세부 로드맵은 ▲제2집무실 기능·위치·규모 결정(2022년 하반기) ▲기본계획 수립 완료(2023년 상반기) ▲즉시 건축 설계 착수 및 총사업비 도출(2023년 하반기) ▲제2집무실 착공(2025년 초) ▲제2집무실 준공(2027년 상반기)을 목표로 하고, 오는 9월 대통령 제2집무실 건립 추진단(단장 행복청 차장) 발족과 건립방안 연구용역에 착수하는 것을 골자로 하고 있다.

올해 4월 대통령 인수위는 '세종청사 1동 국무회의장을 우선 활용 → 12월 입주하는 중앙동에 임시집무실 설치 → 2027년 국회 세종의사당 개원에 맞춰 비서동과 관저를 갖춘 세종집무실을 건립'하는 3단계 로드맵을 발표했다. 그런데 불과 3개월도 안 되는 7월 14일에 2단계 방안을 폐기한다는 행안부의 발표가 있었고, 8월 28일 2단계를 건너뛰는 건립계획을 공식화한 것이다.

국가균형발전과 행정수도 완성을 위한 상징적 조처로 4월 인수위가 발표한 대통령 세종집무실 2단계 이행방안으로 정부세종청사 중앙동에 집무실을 설치해야 한다는 것을 강조했고, 진정성을 입증하고 비판을 해소하기 위해서는 윤석열 대통령이 2단계 폐기에 대한 진심 어린 사과가 선행되어야 한다는 것을 역설했다. 그러나 대통령의 사과는 단 한마디도 없었다.

이제는 대통령의 의지와 진정성을 보이는 것이 관건이다. 정부, 여당이 2단계 폐기에 대한 이유로 예산 문제와 함께 공약을 형식보다는 실질로 지키는 것이 중요하다고 강변했고, 윤 대통령이 올해 1월 '세종청사에서 격주 국무회의 개최, 중앙지방협력회의 월 1회 개최'를 약속한 만큼, 국무회의 및 중앙지방협력회의 개최를 정례화하여 현 단계에서 약속 이행에 대한 의지와 진정성을 입증하는 것이 바람직하다.

또한 정부의 의지를 가늠할 수 있는 중차대한 과제는 내년 예산안에 설계비 반영 규모로, 현재 수준에서는 '기본계획 수립 연구 용역비'만 1억 원 수준에서 반영될 것으로 관측되고 있는 바, 연구용역비 1억 원은 되레 생색내기용에 불과하다는 의구심을 불러오는 것이 자명하기 때문에 정기국회에서 설계비를 대폭 증액하여 정부와 여당의 의지를 분명하게 확인시켜야 한다.

지난 8월 17일, 윤 대통령과 김진표 국회의장과의 만찬에서 개헌에 대한 공감대가 형성되었고, 국회 세종의사당 건립에 대한 위원회 이전 규모와 기능을 놓고 서울과 세종의 정치행정의 이원화로 인한 비효율성의 문제가 지속적으로 제기될 것이기 때문에, 청와대와 국회 완전 이전까지도 고려한 개헌 공론화 과정에 착수해야 한다.

또한 정부가 공공기관 지방 이전 등 지역균형발전을 위한 정부의 공약 또한 충실하게 이행할 계획이라고 밝힌 만큼, 국가균형발전 및 행정수도 완성을 위한 필수적 조처로 법무부와 여성가족부를 포함한 미이전 대통령 소속 위원회 및 각종 위원회, 소속 공공기관의 이전, 나아가 행정법원 및 지방법원 설치에 대해서도 국회와 정부 차원에서 실질적 논의에 돌입해야 한다.

오는 9월 정기국회에서 여야 합의로 대통령 세종집무실 설계비 대폭 반영, 국회 세종의사당 건립 규칙 제정, 지방분권 및 국가균형발전과 연계한 행정수도 개헌 논의 착수 등이 중단없이 추진되기를 바란다. 대통령 세종집무실 2단계 폐기로 인한 불신과 오해를 해소하기 위한 약속이행과 실행이 관건이다.

대통령 세종집무실 공약 훼손한 수정안

(2022.07.18.)

　행정안전부는 14일 '대통령 세종집무실 2단계 방안'을 폐지하는 사실상의 수정안을 발표했다. 4월 대통령직인수위가 발표한 대통령 세종집무실 3단계 이행 약속을 근본적으로 부정하는 명백한 대국민 기만행위다. 2007년 대선에서 세종시 원안 추진을 약속했으나 수정안으로 백지화하려고 한 이명박정부의 데자뷰를 보는 듯하다.

　대통령직인수위는 '세종청사 1동 국무회의장 우선 활용 → 12월 입주하는 중앙동에 임시집무실 설치 → 2027년 국회 세종의사당 개원에 맞춰 비서동과 관저를 갖춘 세종집무실 건립'이라는 3단계 로드맵을 발표한 바 있다.

　그런데 불과 2개월 남짓 사이에 2단계 방안을 건너뛰겠다는 것이다. 14일 행안부는 보도자료를 통해 "당초 검토된 임시집무실의 중앙동(신청사) 입주와 관련해선 인근 세종청사 1동에 설치되어 있는 세종집무실과 중복성 경제성과 경호 및 보안문제 등을 고려해 설치하지 않고 기존 세종집무실을 임시집무실로 활용할 계획"이라고 했다. "중앙동 집무실 조성 시 경호시설과 내부 인테리어 등에 150억 원 이상이 소요된다"고 덧붙였다.

이는 변명에 불과하다. 대통령 용산집무실 설치는 공론화 과정이나 국민 공감대 형성 없이 군사작전처럼 일방적으로 몰아붙이며 막대한 예산을 썼고, 기존 청와대와의 중복성과 경제성 보안·경호 등의 문제가 제기됐지만 이를 무시했다.

대국민 약속에 대한 책임회피 급급

기존의 1동 국무회의장은 10년 가까이 무용지물로 방치되었던 공간이다. 중앙동 임시집무실 설치에 막대한 비용을 투입하라고 강요한 적도 없다. 정부세종청사의 컨트롤타워가 되는 중앙동에 행정수도 완성 및 국가균형발전의 상징으로 대통령 임시집무실이 설치되면 정권 차원에서도 나쁠 게 없다.

더욱 문제는 윤석열 대통령과 안철수 대통령직인수위 위원장, 김병준 지역균형발전특위 위원장이 대국민 약속에 대한 책임 있는 모습을 회피하고 있다는 점이다.

이번 대통령 임시집무실 중앙동 입주를 놓고 대통령실의 행안부에 대한 요구와 계획이 전혀 없었다는 것은 이를 선명하게 방증한다. 관료 뒤에 숨거나, 관료를 희생양으로 삼는 비겁한 행태는 멈춰야 한다.

최민호 세종시장은 세종집무실 법안이 통과되었기 때문에 2027년 독립 집무실 설치는 무난하다고 낙관하고 있다. 2003년 12월 29일 신행정수도특별법이 제정되었으나 2004년 10월 21일 신행정수도 위헌결정으로 세종시는 행정중심복합도시로 축소되어 추진되고 있다.

또한 행정중심복합도시특별법에 따르면 외교 국방 통일을 제외하고 서울에 잔류하고 있는 부처는 세종시로 이전하는 것이 합당하나, 법무부와 여성가족부 등 아직까지 서울에 남아 있는 부처가 있다. 대통령 세종집무실 3단계 이행방안은 행정수도 위상 강화를 위한 실천적 방안이고, 국가균형발전을 상징하는 선도적 조치다.

국가균형발전 상징하는 선도적 조치

수많은 문제를 넘어 용산집무실을 단기간에 설치한 정부의 의지를 그대로 세종집무실에 이식한다면, 행정수도 위상 강화 및 국가균형발전 상징성이라는 명분과 대국민 신뢰도 회복이라는 실리를 동시에 얻을 수 있을 것이다. 윤석열 대통령의 결단과 강력한 추진력을 촉구한다.

국가균형발전은 '상품'이 아닌 '공공재'다

(2022.07.10.)

세종시와 혁신도시는 수도권 과밀해소와 국가균형발전을 위한 공공정책으로 태어났다. 수도권 초집중과 지방소멸을 더 이상 방치해서는 안된다는 절박한 위기의식을 토대로 국가 주도의 국가균형발전 정책이 강력하게 요구됐고, 참여정부에서 국정과제로 격상된 국가균형발전 전략은 2012년 세종시 출범을 계기로 전국의 혁신도시와 연계해 1단계 공공기관의 지방 이전을 추진했다.

참여정부의 국가균형발전 정책을 계승, 발전시키겠다고 공언한 문재인 정부의 구상은 의지는 강했는지는 모르겠으나, 실행력과 성과 측면에서는 소극적이었다고 평가할 수밖에 없다. 2단계 공공기관의 지방 이전을 2020년 총선 공약으로 약속했고, 총선 직후 김사열 국가균형발전위원장은 임기 내 추진을 확언했지만 결국은 지켜지지 않았다.

정치권은 여야를 불문하고 2단계 공공기관 지방 이전을 2022년 대선 공약으로 약속했다. 지난 대선에서 광화문 집무실을 공약했던 윤석열 대통령이 국민적 소통과 공감대 없이 대통령 용산집무실 설치를 군사작전처럼 추진하는 것에 비하면, 2단계 공공기관의 지방 이전을 비롯한 국가균형발전 정책의 실효성은 초라하기 그지없다.

수도권 공공기관의 지방 이전은 윤석열 정부의 국정과제에 포함돼 있다. 김병준 인수위 지역균형발전특위 위원장은 지난 4월 지역균형발전 비전 대국민 발표를 통해 공공기관 지방 이전을 기정사실화했다. 그러나 빛 좋은 개살구라고 발표만 있을 뿐이다. 오히려 원희룡 국토교통부 장관은 공공기관 이전에 역행하는 발언으로 불난 집에 부채질을 하고 말았다.

원 장관은 지난 6월 27일 관훈클럽 초청토론회 기조연설에서 "과거에는 수도권 발전을 억제하고 수도권 시설을 지방으로 강제 이전해 수도권과 지방의 성장 격차를 줄이는데 몰두했다. 이러한 획일적인 분산 정책은 결국 실패했고 수도권과 지방의 격차는 더욱 심화됐다"고 발언했다.

3일 후에 국토부가 '공공기관 추가 이전 등 균형발전정책을 차질 없이 추진하겠다'는 제목의 별도 보도 설명자료까지 발표했지만, 공공기관 지방 이전을 실패한 정책으로 규정한 원 장관의 국가균형발전에 대한 철학적 빈곤과 편협한 인식을 여과없이 드러냈다. 제주도지사 출신인 원 장관의 발언은 더더욱 실망스럽고 안타까울 수밖에 없다.

세종시와 10개 혁신도시로의 공공기관 이전이 본격화한 2012~2017년 사이에 역사상 최초로 수도권 인구가 순유입보다 순유출이 많았던 통계에 다시 주목해야 한다. 국가균형발전에 대한 꾸준하고 지속적인 국가 주도의 종합적이고 유기적인 계획과 실행력 담보가 절대적인 이유이기도 하다. 2단계 공공기관의 지방 이전에 대한 골든타임은 그나마 선거가 없는 올해와 내년이 적기다.

　윤석열 대통령은 6월 7일 국무회의에서 반도체 인력 양성을 강조하며 수도권 대학의 정원 규제를 풀어서라도 수도권 대학 첨단학과 정원 확대를 역설했고, 교육부는 대통령 발언 하루 뒤 수도권 대학 첨단학과 정원 확대 방침을 공식화했다. 앞서 윤 대통령은 지난 대선 과정에서 세종시를 행정수도에서 '행정'을 뺀 진짜 수도, 실질수도를 공약하며 세종시 수도 추진을 확약했다. 정반대 행보다. 국가균형발전은 진척이 없고, 수도권 규제 완화는 속전속결이다.

　수도권 규제는 풀고 국가균형발전은 실패했다는 단정 자체가 국가균형발전을 시장논리로 접근한 이명박 정부의 판박이를 보는 것 같아 씁쓸하다. 세종시 백지화를 시도한 이명박 정부의 세종시 수정안 악몽이 되살아나는 듯하다. 국가균형발전은 지방과 수도권이 상생하기 위한 공공재로, 국가와 정부의 역할이 절대적이다. 시장논리로 접근하면 약자인 지방의 소멸은 불 보듯 뻔하다. 불안하고 위태하다.

윤석열 정부의 행정수도론

(2022.05.08.)

　대통령직 인수위 균형발전특위(이하 특위)는 4월 28일 개최한 '대전·세종 국민보고회'에서 대통령 세종집무실에 대한 로드맵을 제시했다. 이것은 세종시와 시민단체가 일관되게 제안한 사항을 수용한 것으로 환영할 일이다. 세종시가 국가균형발전을 위한 선도도시로 정파와 지역을 초월하여 추진되는 국책도시인 만큼, 충청권 민관정은 윤석열 정부에서도 행정수도 완성을 위한 협력과 동시에 감시 및 비판자 역할을 수행해야 할 것이다.

　특위는 대한민국의 미래전략도시, 행정수도 세종 완성을 위한 세종 7대 공약으로 대통령 세종 제2집무실 설치와 국회 세종의사당 건립, 충청권 광역철도망 구축, 대전·세종 경제자유구역 지정, 중입자 가속기 암치료센터 설립, 세종 디지털미디어센터(DMC) 건립, 글로벌 청년 창업 빌리지 조성, 대학 세종 공동캠퍼스 조기 개원을 제시했다.

　이 중 대통령 세종집무실 설치를 위해 정부세종청사 1동 국무회의장을 활용해 대통령 주재로 국무회의와 중앙지방협력회의를 개최하기로 했다. 이어 오는 12월 입주 예정인 정부세종청사 중앙동(신청사) 내에 집무실을 마련하고, 최종적으로는 2027년 하반기 국회 세종의사당 개원 시기에 맞춰 비서동과 관저를 포함한 세종집무실을 완공하기로 했다. 약속만 이행된다면 세종시 민관정의 제안을 중앙정부가 수용하는 획기적인 역사적 산물이 될 것이다.

충청권 민관정 공동의 노력으로 지난해 9월 국회 세종의사당 건립을 위한 국회법 개정안이 본회의를 통과하고, 대통령 세종집무실 설치를 위한 행정중심복합도시특별법이 국회에서 논의되며 행정수도 완성을 위한 법적 기반이 구축되고 있다.

이러한 긍정적인 분위기 속에서 충청권 광역철도망 구축과 대전·세종 경제자유구역 지정 등 국가균형발전의 중핵적 역할을 담당할 충청권 메가시티의 중단없는 추진은 행정수도의 공간적 범위를 확장하여 국가균형발전의 중핵적 역할을 담당하게 될 것이다.

다만 세종시 건설과정에서 행정수도 말바꾸기와 약속 불이행의 뼈아픈 역사를 잊어서는 안 된다. 이명박 전 대통령은 2007년 대선에서 행정중심복합도시 원안 추진을 약속하고도 2009년 세종시 수정안 논란으로 세종시 백지화 음모를 시도하며 대국민 약속을 파기했다.

박근혜 전 대통령은 2012년 대선에서 '세종시 원안 플러스알파'를 약속했지만, 플러스알파는커녕 행정중심복합도시특별법에 따라 세종시로 이전해야 할 미래창조과학부(현 과학기술정보통신부) 이전마저도 추진하지 않는 직무유기로 대국민 약속을 파기한 전례가 있다.

윤석열 당선인은 세종시를 행정수도에서 '행정'을 뺀 진짜 수도, 실질수도를 공약하며 세종시 수도 추진을 확약했지만, 용산 대통령 집무실과 관저의 일방향적인 추진으로 서울 수도를 고착화하고 있다.

세종 수도와 서울 수도의 정체성 충돌은 정부에 대한 불신과 의혹을 증폭시킬 수밖에 없다. 즉 수도론에 대한 세종과 서울 간의 정체성 상충에 대한 분명한 위상 정립이 선행되지 않으면 국민적 갈등과 국력 낭비와 같은 소모전은 불가피할 것이다.

2019년 12월 수도권의 인구가 전체 인구의 50%를 돌파하면서 수도권은 초집중에, 지방은 소멸이라는 국가적 위기상황에 직면하며 세종시를 중핵으로 하는 국가균형발전에 대한 강력하고 일관된 의지와 정책 추진이 절박하다.

2004년 신행정수도 위헌결정으로 인해 청와대와 국회의 완전 이전을 위해서는 세종시 행정수도 명문화라는 개헌이 선행되어야 하는 만큼 윤 당선인은 지난 대선에서 약속한 세종시를 실질수도, 진짜 수도로 만들기 위한 개헌에 대한 분명한 입장과 로드맵을 제시해야 한다. 560만 충청인들의 행정수도 완성 공약에 대한 피로감과 분노는 임계점을 넘어서고 있다.

국회 세종의사당 건립과 충청권 메가시티 과제

(2021.11.04.)

지난 9월 28일, 국회 세종의사당 건립을 위한 국회법 개정안이 여야 합의에 따라 국회 본회의를 통과하였다. 세종시에 국회분원 (세종의사당)을 두고 그 설치와 운영, 그 밖에 필요한 사항은 국회규칙으로 정하도록 하였으며, 부대의견으로 국회 사무처는 세종의사당 건립에 관한 기본계획을 조속히 수립하고, 계획 수립시 국회 운영의 비효율화 최소화 방안을 포함하도록 규정하고 있다. 정부의 2/3 이상이 정부세종청사로 이전하였고, 이에 상응하는 국회 상임위와 예결위, 국회사무처와 입법조사처, 예산정책처와 국회도서관 등 소속기관의 이전이 예상되어 세종시는 명실상부한 정치행정수도로서의 위상 및 기능을 확보할 수 있게 되었다.

워싱턴DC와 같은 세계적인 정치행정수도로 성장하기 위해서는 정치행정 기능 이외에도 자족기능과 문화시설 등 새로운 성장동력 창출이 관건이다. 공공부문 위주의 일자리 창출만으로는 자생적인 도시성장에 한계가 있어 미디어, 문화, 교육, 국제교류, 외교 등 미래 행정수도로의 콘텐츠 구축이 필요하다. 국가 미디어타운 조성,

지역적 수준을 뛰어넘는 국제적 수준의 미술관, 전시관, 공연장 유치, 마이스(MICE) 산업 육성, 스마트시티와 4차 산업혁명에 특화된 국립대 또는 시립대 신설, 국제기구 유치, 대사관 마을 조성 등 세계적인 행정수도로 성장하기 위한 자족기능 확충이 과제로 대두된다.

행정중심복합도시, 나아가 행정수도만으로 세종시 건설취지인 수도권 과밀해소와 국가균형발전을 선도하기에는 본질적 한계가 있다. 세종시와 혁신도시 건설을 통한 공공기관의 지방 이전만으로 국가균형발전을 선도하기에는 인구 규모나 지역적 파급 효과에서 한계가 따를 수밖에 없다. 전체 인구 중 수도권 인구가 50%를 돌파하며 수도권 초집중과 지방소멸이라는 국가적 초비상 사태에서 수도권에 대응하는 세종형 행정수도권 구축이 필요하다. 행정중심복합도시(행정수도)를 중핵으로 주변 도시와의 기능적 연계를 통한 생활권과 경제권의 경쟁력 제고가 시대적 과제로 제기되고 있다.

국회 세종의사당 건립으로 행정수도 완성과 국가균형발전, 충청권 상생발전의 토대가 구축되었다. 현재 권역별로 진행되고 있는 초광역 협력권(메가시티) 논의는 경제·산업 중심의 일률적 경향이 강한 반면, 충청권만의 유일하고 독자적인 경쟁력은 '행정수도 완성' 전략이 되어야 한다. 행정수도를 선도적 기능과 매개로 한 특화된 메가시티 구축이 국내 및 세계적인 차별성 확보의 관건이라고 할 수 있다. 따라서 청와대와 국회의 완전 이전을 통해 세종시가 행정수도로 완성될 수 있도록 자치분권 개헌과 연계한 세종시 행정수도 명문화도 필수과제이다. 2022년 대선에서 행정수도 개헌과 충청권 메가시티가 충청권의 핵심 공약으로 부각되어야 하는 이유이다.

지난해 32년 만에 개정된 지방자치법 전부개정안에 근거해 내년 1월부터 두 개의 지자체가 공동으로 특별지방자치단체를 설치 및 운영할 수 있음에 따라 권역별 메가시티 성공 및 경쟁력의 관건은 특별지방자치단체의 실효성 여부이다. 세종시가 국가주도의 사업으로 추진되는 도시인 만큼, 국토교통부, 행정중심복합도시건설청, 세종시 지원위원회, 국무조정실 등 범정부 차원의 협력과 지원을 이끌어내기에 유리한 조건을 형성하고 있다.

충청권 메가시티의 실효성 강화 및 국제 경쟁력 확보를 위해 궁극적으로 대전, 세종, 충남, 충북 등 행정통합을 고려해야 하겠지만, 행정통합에 대한 조속 추진이 지역 간 갈등, 광역행정 간의 혼선, 지역 주민의 반발 등을 초래할 수 있다는 점에서 속도 조절이 필요하다. 선진국의 사례에 따라 선 협력, 후 통합의 원칙을 견지해야 하고, 관 주도의 일방적 추진이 아닌 시민의 의견 수렴 및 공론화를 위한 민관 거버넌스를 구축해야 하며, 메가시티 추진이 규모의 경제와 자본의 논리에만 경도되지 않도록, 국가균형발전 및 자치분권 실현이라는 본래의 취지에 부합하게 자치분권 개헌과 제도 개혁, 풀뿌리 주민자치 강화가 병행 추진되는 것이 바람직하다.

국회 세종의사당 현실로

(2021.08.29.)

지난 8월 24일, 여야 합의로 국회 세종의사당 건립을 위한 국회법 개정안이 국회 운영소위에서 통과되었다. 9월 정기국회는 국정감사와 내년 예산심의, 대선체제 전환으로 인해 국회법 개정안 처리가 난망하여 8월 임시국회에서의 여야 합의는 절체절명의 과제였다. 더불어민주당은 단독처리까지 공언했으나, 제1야당인 국민의힘 지도부의 공식적인 입장이 부재하였고, 긴장과 압박으로 피가 마르는 상황에서 여야는 극적인 합의를 이끌어냈다.

2012년 이춘희 시장이 국회분원 설치를 최초 제안하고, 2016년 이해찬 의원이 대표발의하였으나 운영소위에서 제대로 논의되지도 못하고 20대 국회에서 자동폐기되었으며, 21대 국회에서 홍성국, 박완주, 정진석안이 대표발의되었으나, 기나긴 세월과 지리한 공방 속에서 국민적 피로감은 누적되고, 국회 세종의사당 건립에 대한 기대와 염원이 분노와 허탈감으로 바뀌고 있는 시점에서 여야 합의인지라 더욱 극적이고 감동적인 타결이었다.

2021.09 국회 세종의사당 법 개정안 통과 퍼포먼스 — 시민의 손으로 이뤄낸 법의 역사.

다만 우려스러운 점은 이번 운영소위 과정에서도 일부 제기된 국회 세종의사당 건립에 대한 끊이지 않는 위헌 논란인데, 이는 지난 2월에 개최한 '국회 세종의사당 설치에 관한 공청회'에서 본회의장과 의장 집무실이 서울에 소재한다면 위헌소지가 없음을 명확히 한 바 있고, 이번 합의안에서도 '국회 분원으로 세종의사당을 둔다'고 명시한 만큼 더 이상 소모적인 위헌 논란은 종식되어야 한다.

국회 세종의사당 건립은 여야를 초월하여 추진해야 하는 국책사업이고, 국가균형발전을 견인하는 선도사업으로, 여야 합의가 기본 전제가 되어야 하는 만큼, 여당의 단독처리 가능성이 언급되기까지 한 상황에서 이번 여야 간의 극적인 합의는 더 값지고 유의미한 성과로 평가할 수밖에 없다. 또한 2016년 이해찬 의원의 대표발의안부터 국회 운영소위에서 계류 중이었던 국회법 개정안이 드디어 법적인 절차를 밟게 되었다는 점에 의의가 크다.

서울과 세종의 정치·행정의 이원화로 인한 행정의 비효율이 구조적으로 제기되고, 국가정책의 품질 저하와 예산 낭비로까지 이어지고 있는 상황에서 국회 세종의사당 건립은 정부세종청사와 유기적으로 연계하여 최상의 정치적, 행정적 대국민 서비스를 제공하게 될 것이다. 수도권 인구가 50%를 돌파하며 수도권은 초집중에, 지방은 소멸에 양극화되고 있는 국가적 위기 상황에서 국회 세종의사당 건립은 2단계 공공기관의 지방 이전과 연계하여 수도권과 지방의 상생, 국가균형발전을 추동하는 강력한 견인차 역할을 담당하게 될 것이다.

세종시는 2004년 신행정수도 위헌판결 이후 행정중심복합도시로 축소되어 추진되고 있고, 수도권 과밀해소와 국가균형발전을 위한 중핵적 역할을 담당하기에는 한계가 있었던 바, 국회 세종의사당 건립은 충청권 메가시티와 연계하여 행정수도로 성장하는 역사적 전환점이 될 것이다.

세종시는 2002년 대통령 선거에서 당시 노무현 후보가 신행정수도로 공약을 제시한 이후 2004년 신행정수도 위헌 판결과 2010년 세종시 수정안 논란과 같이 수많은 좌절과 고통의 시간을 겪은 바 있다. 백지화의 순간에도 오뚝이처럼 일어난 세종시다. 물론 세종시를 지켜낸 것도 국가균형발전을 염원하는 충청인과 국민의 지지와 연대가 있었기 때문에 가능한 일이었다.

다만 국회법 개정안은 운영소위라는 첫 관문을 통과한 것에 불과하다. 지난달 28일 전국의 258개 단체가 참여하여 출범하였고, 8월 임시국회가 국가균형발전을 위한 국회 세종의사당 건립의 분수령이라 보고, 국회 앞 단체별 릴레이 1인 시위와 국회에 호소문 전달, 성명 발표 및 퍼포먼스 개최, 대규모 현수막 게첩 등 국회법 개정안 처리 촉구에 앞장선 '국가균형발전과 국회 세종의사당 건립을 위한 범국민 비상대책위'는 긴장의 끈을 놓지 않고 본회의 통과까지 최선두에서 시민의 목소리를 국회에 전달할 것이다.

끝까지 간다!
국회법 개정안
즉시 처리하라!

국가균형발전과 국회세종의사당 건립을 위한
범국민비상대책위원회 출범식

일시 2021. 7. 28.(수) 오후 2시

장소 세종시청 4층 여민실

*창립대회는 13시부터 진행합니다.
*비대위 참여 신청 링크(단체) : http://url.kr/2hnbcd
*후원계좌 : 카카오뱅크 3333-20-3714359 (예금주 : 김혜경)

국가균형발전과 국회세종의사당 건립을 위한 범국민비상대책위원회 준비위원회

2021.07 국회 세종의사당 법안 통과 촉구 비상대책위 출범 — 세종의 뜻, 전국으로 번지다.

국회법 개정안 처리, 강경투쟁 불사할 것

(2021.07.05.)

　국회 세종의사당 건립을 위한 국회법 개정안 처리가 6월 임시국회에서 불발되었다. 소관 상임위인 운영위원회를 소집하는 운영위원장조차도 선출하지 못하고 빈껍데기 임시국회로 끝나고 말았다. 분노와 허탈감, 비통함을 어찌 말로 다 표현할 수 있을까. 7월부터는 여당을 비롯한 각 정당의 대선 일정이 돌입하는 관계로 6월 임시국회를 국회법 개정안 처리의 골든타임이자 마지노선으로 보고 총력을 기울였지만 역부족이었다. 약속과 신뢰, 예측가능한 정치의 실종이었다.

　여야 모두 지난 대선과 총선에서 제시한 공약으로 이미 지난해 말 여야가 합의해 국회 세종의사당 설계비 127억 원을 예산에 추가 반영하여 최종적으로 총 147억 원의 설계비를 확보하였다. 또한 여야 합의로 올해 2월 공청회까지 마쳤으며, 여야가 모두 국회법 개정안을 대표 발의한 상황에서, 마지막 절차인 국회법을 개정하지 않아 예산을 단 한 푼도 집행도 하지 못하고 허송세월을 보내고 있다.

더군다나 지난 4월 27일, 국회 운영소위에서 여야는 국회법 개정안을 6월 중 처리하기로 의견을 모았고, 여야가 이미 충분히 토론하고 논의한 만큼 국가백년대계를 위해 6월 임시국회에서 국회 세종의사당 건립에 초당적으로 협력하여 국회법 개정안을 처리하는 것이 최선의 선택이었다.

그러나 국회법 개정안을 처리하는 운영위원회가 여야 원내대표 교체로 인한 운영위원장 미선출로 인해 소집되지 못하면서 국회법 개정안 처리가 원천적으로 봉쇄되었다. 여야 거대정당이 법사위원장 자리를 놓고 힘겨루기가 지속되고 운영위원장을 비롯한 상임위원장 배분이 교착화되면서 국회법 개정안 처리는 운영위의 문턱도 넘지 못한 것이다.

국회에 대한 실망도 크고, 정치에 대한 불신도 크고, 역부족에 대한 자괴감도 크다. 그렇다고 대책도 없이, 선언으로만 외치며, 속수무책으로 일관하는 것도 무책임한 태도이다. 세종시는 2002년 대통령 선거에서 당시 노무현 후보가 신행정수도로 공약을 제시한 이후, 2004년 신행정수도 위헌 판결과 2010년 세종시 수정안 논란과 같이 수많은 좌절과 고통의 시간이 있었다. 백지화의 순간에도 오뚝이처럼 일어난 세종시이고, 세종시를 지켜낸 것도 국가균형발전을 염원하는 충청인과 국민의 지지와 연대가 있었기 때문에 가능한 일이었다.

7월 임시국회와 9월 정기국회에 대한 태세를 갖춰야 한다. 세종시 원안사수 운동에 준하는 각오로 다시 총력전을 펼쳐야 한다. 6월 임시국회까지가 1단계 운동으로 합리적 요청의 방식이었다면, 이제부터는 할 수 있는 모든 방식을 총동원하여 강경투쟁도 불사하는 2단계 운동으로 기조를 전환할 것이다. 세종시의 모든 단체와 세력을 총망라한 비상대책위를 구성하고, 충청권 나아가 전국적인 연대를 강화하여 반드시 국회법 개정안 처리를 관철시킬 것이다.

만약 국가균형발전을 선도하고 행정의 비효율성을 해소하기 위한 국회 세종의사당 건립에 대한 국회의 직무유기가 지속된다면 2004년 신행정수도 위헌 판결과 2010년 세종시 수정안 논란 당시와 같이 560만 충청인의 심판에 직면하게 될 것임을 국회는 직시해야 한다.

국회법 개정안 처리 불발에 여야는 네탓 공방을 할 필요가 없다. 지금부터라도 진정성과 능력을 보여주면 된다. 민주당에서는 운영위원장 미선출과 국민의힘의 입장의 모호함을 탓하고, 국민의힘에서는 민주당의 단독처리의 전례를 언급하며 의지 부족을 탓한다. 그렇다면 국민의힘은 국회법 개정안 처리에 대한 지도부의 분명한 입장 및 로드맵을 제시하면 되고, 민주당은 여야 합의를 의해 노력하되 단독처리까지도 불사하겠다는 각오로 임하면 된다. 7월 임시국회에서 여야의 행태를 똑똑히 지켜보고 내년 대선과 지방선거를 기다려 볼 일이다.

2021.08 국회 앞 릴레이 1인 시위 — 한 사람의 외침이 세종의 함성이 되다.

국민의힘, 국회 세종의사당 법안 결판내자

(2021.05.10.)

    지난 4월 27일, 국회 세종의사당 설립을 골자로 하는 국회법 개정안이 국회 운영위 법안소위에서 통과되지 못하고 계속심사로 보류되었다. 앞서 4월 21일 야당의 최다선 의원이자 충청권의 대표 중진의원인 정진석 의원이 국회법 개정안을 대표 발의했고, 시민사회는 국가균형발전을 위한 획기적인 결단으로 환영하는 성명까지 발표하였다. 정진석 의원이 당 정책위와 심도있는 논의를 거친 만큼 국민의힘의 공식적인 입장이라고 강조하여 운영위 법안소위 통과를 대체적으로 낙관하였으나 결과는 정반대였다. 국민의힘이 지도부 교체 시기에 부담감을 느꼈다는 분석도 나오고 있다.

    27일 국회 운영위 법안소위에서 국민의힘은 법률 검토와 당내 의견수렴 시간이 필요하다는 이유로 국회법 개정안 처리에 동의하지 않았다. 지난해 정기국회에서 국회 세종의사당 총설계비 127억 원을 여야 합의로 확보하고, 여야 합의에 의해 올해 2월 공청회까지 개최하고, 국민의힘 최초로 정진석 안까지 발의한 상황에서 국민의힘이 논의와 의견수렴 부족을 이유로 국회법 개정안 처리를 다시 지

연시킨 것이다. 국민의힘의 수년간의 똑같은 변명과 직무유기에 제1
야당의 입장이 존재하기나 한 것인지 근본적인 의구심을 가질 수밖
에 없다.

국회법 개정안은 이미 2016년 이해찬 전 대표가 발의하여 4년간
계류된 채 논의 부족을 이유로 20대 국회에서 자동 폐기된 전례가
있다. 21대 국회에서는 지난해 8월 26일, 박병석 국회의장이 주재한
김태년 더불어민주당 원내대표와 주호영 미래통합당 원내대표의 회
동에서 국가균형발전특위를 최대한 빨리 구성하는 것으로 합의되었
다. 필자는 국민의힘의 전신인 미래통합당에 국회 세종의사당 건립
에 대한 입장과 대책을 요구하고, 국가균형발전특위를 조속히 구성
하여 여야 협의로 국회 세종의사당 건립을 추진할 것을 기고를 통해
수차례 강조한 바 있다.

2003년 12월 신행정수도특별법 제정에 찬성하고는 2004년 신행
정수도 위헌 소송을 방조하고, 10월 21일 위헌판결 당시에는 미소를
지었던 박근혜 전 대통령을 잊을 수 없고, 2007년 대통령 선거에서
행정중심복합도시 원안추진을 수차례 약속하고, 2010년 세종시 수
정안으로 세종시를 백지화하려 한 이명박 전 대통령의 이율배반적
행태를 잊을 수 없다. 국민의힘은 국가균형발전의 상징도시인 세종
시를 근본적으로 부정하며 정략화하려 했던 과거의 전철을 되풀이
하려는 것인가?

예산까지 확보해 놓고, 정진석 안을 토대로 법적 근거를 마련하자

고 하는데, 이를 방기하며 허송세월 보내는 것이 국민의 대표기관으로로 책무란 말인가? 지난해 8월부터 국회 국가균형발전특위를 구성하여 충분히 논의할 시간이 있었음에도 불구하고, 지금와서 시간 탓을 하는 것은 너무 몰염치한 것 아닌가? 국회 세종의사당 건립에는 최소한 5년 이상의 시간이 필요한데, 예산은 마련하고 법률이 부재하는 기형적인 상황을 지속하는 것이 정상이란 말인가? 지난 대선과 총선에서 공약으로 약속하지 않았는가?

국민의힘은 국가균형발전 상징도시인 세종시를 부정하고 백지화하려 한 2004년 신행정수도 위헌 논란과 2010년 세종시 수정안 논란을 답습하여서는 안된다. 답습하는 순간 과거회귀 정당으로 낙인찍히고, 미래를 선택하는 대통령 선거의 특성상 심판구도로 굳어질수밖에 없다. 국민의힘은 김기현 의원을 원내대표로 선출하였고, 당대표 선거도 조만간 있을 예정이다. 새로운 지도부는 세종시를 부정한 과거와 과감하게 결별해야 한다. 혁신의 출발은 국가균형발전 선도와 행정의 비효율 해소를 위한 국회 세종의사당 건립에 대승적으로 결단하는 것이다. '상반기 국회법 개정안 통과, 하반기 설계 착수'가 실행되도록 협력해야 한다. 국민의힘이 근본적으로 변화하고 있다는 평가를 듣길 기원한다.

국회 세종의사당, 겨울을 지나 봄으로

(2020.12.13.)

지난 12월 2일 국회 본회의에서 여야 합의로 '국회 세종의사당' 설계비 127억 원이 통과됐다. 지난해와 올해 확정된 설계비 20억 원을 합치면 총 147억 원의 기초조사 설계비가 확보된 것이다. 국회에서 예산안 법정시한을 준수한 것은 2014년 이후 6년 만의 일로, 코로나 19라는 엄중한 국면에서 법정시한을 지키며 여야가 대승적으로 합의한 것이다.

서울과 세종의 정치·행정의 이원화로 인한 행정의 비효율과 국가정책의 품질저하, 혈세 낭비가 구조적으로 제기되고 있고, 행정의 비효율 해소와 국가균형발전의 상징으로 국회 세종의사당 건립이 절박한 상황에서 국회가 여야 합의로 국회 세종의사당을 불가역적이고 항구적인 실체로 존중했다는 점에서 역사적 의의가 크다 할 수 있다.

설계비 통과는 2004년 신행정수도 위헌 판결 이후 후속조치로 천신만고 끝에 탄생했던 행정중심복합도시특별법 제정 과정과 2010년 이명박 정부의 세종시 수정안에 맞서 세종시 원안을 지켜내기 위해 처절하게 노력했고 결국은 세종시 수정안을 부결하며 2012년 세종시를 출범시켰던 역사적 과정에 비견될 만큼, 행정수도 완성의 대장정에서 새로운 이정표를 쌓은 역사적인 날로 기록될 것이다.

다만 12월 4일 운영위 법안소위에서 올해 설계비 통과의 부대조건이었던 국회 세종의사당 건립을 골자로 하는 국회법 개정안이 논의 과정의 부족을 이유로 계속 심사로 보류되고, 내년 2월 말까지 공청회를 개최하기로 한 것에 대해 안타까움과 우려를 표명하지 않을 수 없다.

2월에 공청회를 개최하고 바로 임시국회를 소집해 국회법 개정안을 처리하는 일정이라 해도 내년 4월 서울시장과 부산시장 보궐선거를 앞두고 선거 이슈에 의해 국회법 개정안이 후순위로 밀려 계속 심사로 보류되지 않을까 하는 우려가 동반하고 있다.

12월 9일 민주당 국가균형발전·행정수도 추진단은 국가균형발전 보고서를 발표해 국회 세종의사당 건립과 관련 1단계로 정부세종청사 소재 부처 소관 상임위 10곳과 예산결산특별위원회 이전, 국회사무처, 예산정책처, 입법조사처 일부를 이전하고, 2단계로 국회 균형발전특위를 구성해 국회의사당 완전 이전을 위한 의제, 시기, 방식을 합의해 완전 이전을 추진하겠다고 밝혔다.

청와대를 이전하기에는 아직 여건이 성숙하지 않았다고 판단한 부분은 매우 아쉬운 대목인데, 행정수도 이전은 노무현 정부 시절부터 충분한 공론화 과정을 거친 데다, 지난해 말로 수도권 인구가 전체 인구의 50%가 넘어선 상황인 만큼, 오히려 지금이 청와대 이전을 위한 여건이 성숙해 있다고 보는 것이 타당하다.

따라서 민주당은 여야 합의로 관련법을 제정하거나 개헌을 해서라도 청와대를 이전해 행정수도를 완성하는 것이 김대중·노무현 대통령의 정신을 계승하고 문재인 정부에 주어진 역사적, 시대적 사명을 다하는 것이라 각인해야 한다.

집권여당이 행정수도 완성과 국가균형발전을 위한 진일보한 대책을 국민에게 제안한 만큼, 이제 제1야당인 국민의힘도 국가균형발전과 행정수도 완성을 위해 적극 나서는 것은 물론, 오히려 민주당보다 더 강력하고 획기적인 정책대안을 제시해 역사적 소명을 다해야 한다.

이번 정기국회에서 여야 합의로 국회 세종의사당 건립을 위한 기초조사 설계비 127억 원이 반영된 만큼, 국회 세종의사당 건립을 법적인 토대 위에서 안정적으로 추진할 수 있도록 여야는 향후 과제라고 할 수 있는 국회 세종의사당 건립을 위한 국회법 개정 및 이전 규모와 시기를 정하는 건립계획 확정에 조속히 협의해야 한다.

행정수도 완성의 과정은 늘 지난했다. 성문법이 일반법인 나라에서 관습헌법 논리로 인해 신행정수도 위헌판결을 받았고, 이명박 정부의 세종시 수정안 강행으로 인해 백지화될 위기에 처하기도 했다. 위기와 역경을 극복할 수 있었던 것은 550만 충청인의 염원이 있었기 때문에 가능한 일이었다. 올해도 저물어 간다. 겨울이 지나면 봄이 올 것이다.

2021.08 세종시민 결의대회 사회 — 행정수도의 완성을 향한 뜨거운 함성.

국회 세종의사당과 국민의힘

(2020.11.08.)

지난 7월 20일 김태년 더불어민주당 원내대표의 국회 연설로 촉발된 행정수도 이전에 대한 여야 합의와 국민적 공감대 형성은 다소 시간이 걸릴 듯하다. 그렇다고 행정수도 완전 합의 때까지 수도권 과밀과 지방소멸을 방치할 수도 없는 노릇이고, 정부세종청사의 행정의 비효율성을 팔짱만 끼고 모르쇠로 일관할 수도 없는 노릇이다.

서울과 세종의 정치·행정의 이원화로 인한 행정의 비효율성이 구조적으로 제기되고 있다. 2016년부터 3년간 세종청사 공무원들의 관외 출장 횟수가 87만 회에 이르고, 관외 출장으로 지출한 비용이 917억 원에 달하고 있다. 행정의 비효율과 혈세 낭비, 국가정책의 품질 저하를 더 이상 방치하는 것은 국회의 명백한 직무유기이자 책임방기다.

'국회 세종의사당' 건립은 여야를 떠나 모든 정당의 대선과 총선의 공약이었고, 더불어민주당은 행정수도 이전과 함께 국회 세종의사당 건립의 우선 추진을 제안하고 있다. 제1야당인 '국민의힘' 또한 법적인 테두리에서 세종시 완성을 위해 추진할 수 있다고 입장을 밝힌 만큼, 여야 합의를 도출하지 못할 이유가 전혀 없다. 민주당이 제안한 형국이니, 결정적 키워드는 국민의힘이 쥐고 있다.

우선 국민의힘은 국회 세종의사당 건립을 위한 법적 토대인 국회법 개정안 통과에 협력하고, 세종의사당 건립을 위한 이전 규모와 입지, 시기 등 설립을 위한 기본계획 수립과 실효성을 강화하기 위한 후속조치로 설계비 127억 원이 반영하도록 협력해야 한다.

세종의사당 설계비 127억 원이 내년도 예산에 반영되면 지난해와 올해 정부예산에 각각 10억 원씩 이미 반영된 20억 원을 포함해 총 147억 원의 예산을 확보하게 된다. 국회사무처 검토 결과 세종의사당 건립을 위한 기본조사 설계비는 147억 원이 소요될 것으로 전망하고 있다.

마침 10월 26일 주호영 국민의힘 원내대표는 국민의힘과 세종시와의 예산정책협의회에서 "예산국회가 곧 시작되는데 반영 못한 예산, 증액해야 할 예산을 직접 듣고자 왔다"며 "세종시가 인프라가 미흡한 측면이 있지만, 설치 목적에 맞도록 행정중심도시로 제 역할을 하도록 협력하겠다"고 말했다.

또한 주 원내대표는 7월 23일 라디오 인터뷰에서 행정수도 이전에는 신중해야 한다면서도, 세종시 국회 분원 설치에 대해서는 "그건 가능한 일이라고 본다. 지난 총선 때 중앙당 공약은 아니지만, 충청권 공약 중에 국회 분원 설치도 들어 있었다"며 "(부처에서) 국회에 오느라고 '길국장이니 길과장이니' 이러니까 그 비효율을 없애기 위해서 분원을 설치하고, 필요하면 세종시에서 상임위원회 회의하는 건 논의가 가능하다고 본다"고 밝혔다.

2003년 12월 29일 신행정수도특별법 제정 과정에서도, 신행정수도 위헌 판결 이후 후속조치로 이행되었던 2005년 행정중심복합도시특별법 제정 과정에서도 국민의힘 전신으로 당시 제1야당이었던 한나라당의 통 큰 합의와 대승적 결단을 기억하고 있다. 세종시 건설은 정파를 초월한 시대적 과제이자, 국가적 과제로 초당적 협력이 있었기 때문에 가능한 일이었다. 당시 한나라당 충청권 의원들이 세종시 원안 사수를 위해 동참했던 결단과 호소, 눈물을 기억하고 있다. 국회 세종의사당 건립에 국민의힘 충청권 의원들의 역할이 중요한 이유이기도 하다.

국회 세종의사당 건립이 국민의힘의 충청권 핵심공약이고, 주호영 원내대표 또한 필요성에 동의하면서도 국회 세종의사당 건립에 협력하지 않는 것은 정치적 미사여구로 오해를 받을 수밖에 없다. 약속은 이행하면 되고, 말은 실천하면 된다. 국민의힘의 진정성과 능력이 필요하다. 마지막 퍼즐은 국민의힘의 몫이다. 국민의힘이 결단하면 국회 세종의사당은 현실이 된다.

박병석 국회의장 후보에 바란다

(2020.05.25.)

충청권의 대표 정치인 박병석 의원이 국회의장으로 합의 추대되는 분위기다. 25일 더불어민주당 의원총회에서 후보로 추대되면 21대 국회 전반기 의장으로 선출이 확실시된다.

박 의장후보는 여야협력과 국민통합을 이끌 최고 적임자로 주목받는다. 특히 박 의장후보는 그동안 세종시 건설취지와 세종시가 행정수도로 성장해야 수도권 과밀해소와 국가균형발전을 실질적으로 선도할 수 있다는 철학을 견지해왔다.

지지부진한 국회 세종의사당 건립

박병석 의장후보는 과거 신행정수도 위헌 결정이 내려진 뒤 신행정수도건설특별법 위헌결정 후속대책 및 지역균형발전특위 간사, 국회 신행정수도 후속대책소위원회 위원장, 열린우리당 신행정수도 후속대책특별위원회 부위원장을 지냈다. 현재는 민주당 국회 세종의사당추진특별위원회 공동위원장을 맡고 있다.

박 후보는 이명박 정권이 세종시 수정론을 내놓자 "행복도시 폐기·축소는 국가균형발전을 사실상 폐기하는 것"이라며 당시 연기군 조치원에서 열린 규탄집회에도 참석했다. 세종시 원안사수 과정에서 TV토론을 포함한 다양한 정책토론회, 대규모 집회와 촛불 문화제 등에 참석하며 세종시 원안 지키기에 앞장섰던 정치인이다.

　지난해 말 수도권 인구가 50%을 돌파하는 사상 초유의 사태가 일어났다. 2012년 세종시 출범과 혁신도시 건설, 공공기관의 지방 이전 등으로 잠시 지체되었던 수도권 초집중 현상이 되레 강화되고 있다.

　참여정부에서 첫발을 내딛뎠던 국가발전전략의 중대한 전환점이 요구되는 시점에서 지방분권과 국가균형발전에 대한 이해도가 높은 박 의장후보가 국회의 수장이 되는 것은 천우신조와 같은 일이다.

　박 의장후보는 국가균형발전의 중핵인 세종시 행정수도 완성과 제2의 혁신도시 건설, 공공기관의 추가 이전 등에 대한 법적, 예산적 지원에 적극 나서야 한다.

　국회가 추진 중인 국회 세종의사당 건립은 현재 지지부진하다. 물론 코로나19 사태와 총선이라는 객관적인 어려움이 있었던 것도 사실이다. 하지만 결정하고 추진해야 하는 국회가 이를 절박한 문제로 받아들이지 않았기 때문이라는 생각을 지울 수 없다. 그사이 더 많은 중앙부처가 세종시로 이전했음에도 수많은 공무원이 국회로 수시로 출장을 가야 하는 비효율적 상황은 개선되지 않았다. 국회 사무처는 지금도 여야가 합의만 되면 추진하겠다는 입장을 밝히고 있다.

이와 관련한 법도 20대 국회의 문턱을 넘지 못하고 폐기될 운명이다. 21대 국회에서 다시 논의해야 할 세종시 관련 법만해도 국회법 세종시법 행복도시법 등 즐비하다.

국가균형발전은 여야 정쟁 대상이 아니다. 새롭게 임기를 시작하는 21대 국회가 적극 나서야 할 이유다. 혹시라도 수도권 중심주의가 남아있다면 21대 국회는 이를 말끔히 씻어내야 한다.

국가균형발전 철학 실현 기대
박 의장후보는 그동안 수도권과 지방의 상생을 일관되게 밝혀왔다. 이제 입법부 수장으로 지방분권, 국가균형발전, 행정수도 완성에 앞장서야 한다.

박병석 의장후보가 국회의원과 국민을 대상으로 국가균형발전과 행정수도 완성의 공감대를 형성하기 위한 조정자로서 정치력을 발휘할 것을 요청한다. 또한 국민과 함께하는 존경받는 국회의장으로 평가받기를 기대한다.

행정수도 완성, 충청권 초정파적 단결이 관건

(2020.10.04.)

지난 9월 28일 세종시에서 '행정수도 완성 및 국가균형발전 충청권 민·관·정 협의회' 출범식이 열렸다. 7월 20일 더불어민주당 김태년 원내대표가 국회 교섭단체 대표 연설에서 행정수도 이전을 제안한 이후, 행정수도가 다시 전국적인 이슈의 중심에 서게 됐다.

그와 동시에 충청권 민·관·정이 하나로 똘똘 뭉쳐야 한다는 문제 의식을 갖고 출범을 준비한 이후 본래는 8월 말에 예정이었던 출범식이 코로나 19로 인해 잠정 연기되며, 준비 2개월 만에 행정수도 완성을 위한 명실상부한 충청권 사령부가 탄생한 것이다.

2002년 대선에서 당시 노무현 후보는 신행정수도 건설을 공약으로 제시하며 대통령에 당선됐다. 2003년 정권에 상관없이 법적인 토대 위에서 불가역적으로 추진하기 위해 신행정수도 특별법을 제정하려 했지만, 당시 참여정부에서 여당인 열린우리당의 의석수는 45석으로, 여소야대의 국면에서 특별법 제정은 난망했다.

당시 이명박 서울시장과 김문수 경기도지사의 정치적 생명을 건 반발은 난공불락과도 같았다. 그래서 착안한 것이 지방분권 특별법, 국가균형발전 특별법과 함께 신행정수도 특별법을 '지방살리기 3대 입법'으로 동시 추진하는 것이었고, 지방살리기 3대 입법은 그해 12월 29일 국회 본회의를 극적으로 통과했다. 신의 한 수였다.

여소야대 국면에서 신행정수도 특별법을 지방살리기 3개 입법에 포함하고, 이를 관철할 수 있었던 가장 큰 원동력은 지략과 선거 의식도 중요하게 작용했지만, 정파와 이념을 초월한 충청권 민·관·정의 일치된 단결과 공동대응이 있었기 때문에 가능한 일이었다. 2004년 10월 21일, 신행정수도 위헌 판결 이후 세종시 원안사수 과정에서 이명박 정부의 세종시 수정안에 맞서 세종시를 지켜낸 가장 큰 요인도 충청권의 하나된 목소리였다.

지난해 12월 수도권 인구가 전체 인구의 50%를 돌파하는 사상 초유의 사태가 발생하고, 지방은 전국의 시·군·구와 읍·면·동 중에서 40%가 소멸 위험에 직면하는 지역 간 불균형이 임계점에 도달하고 있다. 수도권 초집중을 반전시키고, 강력하고 획기적인 국가균형발전 정책을 추진하지 않고서는 수도권은 삶의 질 하락에, 지방은 소멸할 수밖에 없다는 위기의식의 발로가 다시 행정수도를 역사적 전면에 불러온 것이 아닐까.

2003년 신행정수도 특별법 제정 여건에 비하면 2020년은 호기롭기 그지없다. 집권여당인 더불어민주당의 국회 의석이 180석에 가

깝고, 수도권 광역정부의 수장이 여당 출신에다. 기초 정부로까지 내려가면 더 촘촘하기만 하다. 수도권의 행정수도에 대한 지지 여론은 2003년에 비해 상대적으로 높고, 국회 사무처 내에 세종의사당 설립을 위한 전담조직 구성을 지시한 박병석 의장 또한 대전에 지역구를 둔 국회의원이다.

행정수도와 혁신도시 시즌2, 공공기관의 지방 이전은 국가균형발전의 패키지 정책이다. 세종시 행정수도 완성, 대전과 충남의 혁신도시 지정, 충북의 공공기관 추가 이전에 대해 반대할 충청인은 없을 것이다. 행정수도 완성을 위한 객관적 환경이 2003년에 비해 긍정적이라면 여야 합의와 국민적 공감대 형성을 이끌기 위한 주체적 역량 결집이 관건이다.

2003년에 여소야대 국면에서도 신행정수도 특별법을 제정한 원천이었던 충청권의 초정파적 단결이 핵심이다. 행정수도는 박정희 대통령과 노무현 대통령이 국정과제로 추진했던 국가적 과제이자, 초정파적 과제다. 국민의힘 충청권 국회의원과 정치인의 초정파적 협력과 선도적 역할을 강력하게 촉구하는 이유이기도 하다.

국가균형발전의 심장, 대통령 세종집무실

(2019.4.14.)

세종시 건설 과정에서 가장 큰 위기는 이명박 정부의 세종시 수정안 추진 시기였다. 대통령 후보 시절, 충청권 핵심공약이었던 행정중심복합도시와 과학비즈니스벨트 추진을 백지화하려는 시도에 500만 충청도민과 국가균형발전을 염원하는 국민은 세종시 원안사수 운동에 전폭적인 지지와 응원을 아끼지 않았다. 간절함과 사무침의 승리였다.

세종시는 지방분권과 국가균형발전 선도도시로 태어났다. 정권의 변화마다 곡절도 있었지만, 세종시는 시민주권특별자치시 · 국가균형발전 상징도시로 성장하고 있다.

지난 1월 유홍준 광화문대통령시대위원회 위원장은 청와대 영빈관, 본관, 헬기장 등 집무실 외의 주요기능 대체부지를 광화문 인근에서 찾을 수 없다고 발표했다. 서울시에서 추진하고 있는 광화문광장 재구조화 사업까지 감안하면 '광화문 대통령 시대'는 현실적으로는 불가하다고 보는 것이 타당하다. 그렇다고 대통령과 국민이 소

2019.04 대통령 세종집무실 설치 국민청원 — 세종시민의 염원을 한 손가락에 담다.

통하는 '국민주권'과 '국민중심 민주주의'라는 시대정신까지 포기할 수는 없는 노릇이다.

오는 8월 과학기술정보통신부가 세종시로 이전하면, 중앙정부부처의 2/3가 세종시에 위치(18개중 12개)하게 된다. 하지만 각 부처 장·차관들이 세종에서 근무하는 시간은 한 달 평균 4일 정도며, 장·차관들의 서울집무실을 마포, 대한상공회의소, 국회 주변 여의도 등에 임차해 쓰고 있다. 이는 대통령과 국회가 서울에 있기 때문이다.

결국 이러한 구조는 예산낭비는 물론 정부 부처의 세종시 이전 취지와도 어긋난다는 비판이 제기되고 있다. 1명의 대통령과 300명의 국회의원을 위해 1만 5,000명의 공무원이 서울로 출장을 가는 모양새는 탈권위 시대에도 부합되지 않는다. 국민과 소통하고자 광장으로 내려오려고 하는 대통령의 의지와도 거리가 멀다. '광화문 시대'를 보완하고, 세종청사 행정의 비효율성을 해소하기 위해서는 '대통령 세종집무실 설치'와 '국회 세종의사당 건립'이 현실적인 해법이다.

마침 국회 세종의사당 설치를 위한 연구용역이 진행 중이고, 설계비가 반영된 만큼, '대통령 세종집무실 설치'에 대한 공론화가 당면 과제로 대두된다. 대통령 세종집무실은 국가균형발전의 심장인 동시에 행정수도 완성을 위한 화룡점정이다. 국가균형발전의 심장이 세종청사에 설치된다는 상징성으로 대통령의 국가발전전략의 의지를 보여주고, 수도권, 충청, 영호남 등 전국의 여론을 골고루 수렴해 국가균형발전과 지방분권의 상승효과를 견인할 수 있다. 또 국회 세종의사당과 연계해 행정수도 지위의 핵심기능을 담보하고, 청와대 등과의 정책조율을 위한 잦은 서울 출장과 이로 인한 소통 부재를 줄여 업무 효율성과 정책 품질 향상을 제고할 수 있다. 대통령과 시·도지사가 참여하는 제2국무회의 개최가 수월해지는 긍정적 효과도 불러올 수 있다.

세종시는 개별적인 신도시가 아니다. 세종시 건설은 정부주도 아래 추진되는 단군 이래의 최대의 국책사업이다. 정부의 강력한 의지와 일관된 정책이 중요하다. 세종시 출범 취지에 맞게 수도권 과밀 해소와 국가균형발전을 선도하기 위한 핵심 중추기능의 이전이 필요하다. 그것이 바로 '대통령 세종집무실 설치'다.

'대통령 세종집무실 설치 국민청원 운동'을 시작했다. 내달 10일까지 온라인, 오프라인을 가리지 않고 한 달간 진행할 것이다. 세종시라는 지역적 한계를 넘어 충청권의 숙원 과제로 공유하고, 국가균형발전을 염원하는 국민과 함께 대장정을 시작할 것이다. 결코 쉬운 일도, 보장된 길도 아니다. 전국이 골고루 잘사는 나라를 염원하는 33만 세종시민과 500만 충청도민, 5,000만 국민의 지지와 응원을 간곡하게 기대한다.

2021.10 행정수도 개헌 촉구 릴레이 — 헌법에 세종을 새기다.

'세종시 행정수도 명문화'가 답이다

(2018.4.13.)

세종시는 지방분권과 국가균형발전을 위한 선도도시로 추진되고 있다. 하지만 세종시가 당초 계획인 신행정수도에서 행정중심복합도시로 축소, 추진되면서 서울 중심의 국정운영 구조로 인한 행정의 비효율성은 지속적으로 제기되고 있다.

이러한 서울과 세종의 정치행정의 이원화로 인한 구조적 문제를 근본적으로 해소하기 위해서는 현재 국회에서 진행되고 있는 개헌안 협의 과정에서 '세종시 행정수도 명문화'가 필수적이다.

그러나 안타깝게도 정부와 더불어민주당의 개헌안에는 '수도를 법률로 정한다'만을 헌법에 명시하는 법률위임을 선택하고 있어 우려스럽다.

더불어민주당은 2월 초 개헌 당론에서 '세종시 행정수도 명문화'를 선택하고도 정부의 법률위임에 동의하고 있어 집권여당의 책임있는 자세가 안타깝다.

실망스러운 정치권 개헌안

'법률 위임'은 정권과 다수당의 변화에 따라 법률 개정이 정치적으로 악용될 소지가 있고, 수도의 지위와 역할, 이전하는 기관의 범위에 이르기까지 반복되는 정쟁과 논란을 소모적으로 불러올 것이다.

기존 수도권의 반발은 국회 논의 과정에서 지속적으로 제기될 것이고, 다른 나라의 입법례에서도 찾아볼 수 없다는 점에서 언제 터질지 모르는 시한폭탄과 같다. 또한 다른 도시가 수도 논쟁에 참여하는 계기가 되어 수도 지정에 더 많은 어려움이 있을 수 있으며, 잦은 수도 변경의 요구가 나타날 것이다.

더 심각한 문제는 4월 2일 발표한 자유한국당 개헌안에 포함된 수도 조항이 최악의 선택이라는 것이다.

자유한국당은 수도 조항과 관련해 "대한민국의 수도는 서울이라는 내용의 헌법재판소 결정을 헌법에 명시하되, 다만 법률을 통해 수도의 기능 가운데 일부를 다른 도시로 이전할 수 있는 길은 열어두기로 했다"고 발표했다.

2004년 10월 21일, 조선시대의 경국대전을 인용하며 관습헌법에 의해 신행정수도건설특별법이 위헌 판결을 받았던 충격과 분노를 우리는 똑똑히 기억하고 있다. 자유한국당의 수도 조항은 봉건시대의 관습헌법을 부활시켜 수도권 일극 집중 체제를 고착화시키자는 것으로 21세기 다극 분산 체제에 철저히 역행하는 시대착오적인 개헌안이다.

자유한국당의 수도 조항은 정부의 '수도 법률위임'보다 더 분명하고 확연하게 수도 논쟁을 반복하자는 것으로, 수도권과 지방을 대립시키는 시대정신과 현실인식이 결여된 최악의 선택이다.

자유한국당은 정녕 지방분권과 국가균형발전 실현이라는 시대정신을 망각하고, '수도권은 1등 국민, 지방은 2등 국민'을 고착화시켜 지역과 국민을 분열시키려고 작정을 한 것인가?

자유한국당의 수도 조항 논리에 따르면 수도에 관한 어떤 법률을 제정하더라도, 2004년 신행정수도 위헌 판결과 행정중심복합도시 특별법 제정 과정에서 알 수 있듯 반복적인 위헌 소송과 정쟁이 뒤따를 수밖에 없다.

국회의 현명한 판단 기다려
세종시 행정수도 문제는 더 이상의 공방과 논란은 시간낭비이며, 수도권과 지방의 상생, 국가균형발전을 염원하는 국민들에게는 희망고문의 연장일 뿐이다. 수도조항과 관련하여 '법률 위임'이나 '관습헌법'이라는 하책으로 쉽게 가려다가 행정수도 완성을 통한 지방분권과 국가균형발전을 실현하려는 국가정책의 근간이 흔들리게 될 것이다.

행정수도 완성과 지방분권 실현, 국가균형발전 실현은 지방과 수도권이 상생하기 위한 국가대업이다. 이제는 수도논쟁에 대한 종지부를 찍어야 한다. '세종시 행정수도 명문화'가 국가통합과 국가균형발전을 실현하기 위한 유일한 해법이다. 국회의 현명한 판단을 기대한다.

문재인 대통령, 행정수도 공약 꼭 지켜달라

(2017.5.9.)

문재인 후보가 대통령으로 당선되었다. 지난해 촛불과 탄핵 국면이 이어지면서 불가피하게 조기대선을 치를 수밖에 없었고, 대통령 후보나 유권자인 국민이나 엄중한 시기에 맞이하는 대통령 선거였다.

문 대통령에 대한 호불호를 떠나 세종시는 참여정부와 무관하지 않다. 참여정부에서 행정수도를 중핵으로 하는 지방분권과 국가균형발전 정책과 같은 지방 살리기 정책이 추진되었고, 문 대통령은 참여정부에서 비서실장과 민정수석 등을 역임하며 세종시 탄생의 역사를 가장 가까이서 지켜본 인물이다.

세종시는 지방분권과 국가균형발전을 위한 선도도시로 국가경쟁력 강화를 위해 2002년 노무현 전 대통령이 대선 공약으로 신행정수도를 추진했지만, 2004년 신행정수도 위헌 판결 이후 행정중심복합도시로 축소되어 추진되고 있다.

세종시가 당초 계획인 신행정수도에서 행정중심복합도시로 축소되어 추진되면서 서울 중심의 국정운영 구조로 인한 행정의 비효율성은 지속적으로 제기되고 있다.

국회와 청와대가 서울에 잔류하는 이상 세종시는 미완의 행정도시에서 벗어날 수 없고, 행정의 비효율성은 필연적으로 제기될 수밖에 없으며, 대한민국의 국토균형발전이나 지방분권이라는 시대적 과제는 요원할 수밖에 없다.

그러나 2004년 헌법재판소에서 수도는 서울로 한다는 관습법에 의해 신행정수도 위헌 판결을 받았고, 헌재의 결정문에 청와대와 국회 이전은 수도 이전에 포함된다고 적시되어 있기 때문에 헌법 개정은 불가피한 것이 현실이다.

다행히도 문 대통령은 후보 시절 청와대와 국회의 세종시 이전에 대해 '헌법 개정에 따른 국민적 합의를 수용하겠다'고 밝혔다. 국민적 합의를 이끌어내기 위한 문 대통령의 의지와 리더십이 중요한 대목이다.

또한 행정수도 완성을 위해 세종시를 명실상부한 행정중심복합도시로 육성하고, 우선 행정자치부와 미래창조과학부를 이전하고 국회분원을 설치하겠다고 약속했다. 나아가 헌법 개정시 세종시를 행정수도로 정하고 서울을 경제수도로 육성하겠다고 밝혔다.

세종시는 이명박 전 대통령과 박근혜 전 대통령이 후보 시절의 공약을 파기하고, 세종시 정상추진을 후퇴시킨 뼈아픈 역사적 사실을 경험한 바 있다. 두 전직 대통령 시절에 모든 권력과 자본, 인구의 수도권 집중으로 인해 수도권은 고도비만에, 지방은 영양실조에 시달리는 양극화 현상이 심화되었다.

　오죽했으면 남경필 경기지사가 수도권 문제를 해결하기 위한 유일한 해법으로 세종시를 정치행정수도로 강화하자는 주장을 했을까.

　세종시는 수도권 과밀해소와 균형발전, 지방분권과 국가경쟁력 강화를 위해 태어난 국책도시이자 특별자치시인 만큼, 세종시 정상추진과 행정수도 완성을 위해서는 대통령의 약속과 의지가 선행되어야 한다.

　세종시는 법과 원칙이 아닌 정치적 논리에 의해 백지화될 위기에 처하거나, 축소 왜곡된 전례가 있다. 문 대통령이 성공한 대통령이 되는 길은 법과 원칙을 따르면 되는 것이다. 그리고 국민을 상대로 공약한 행정수도 완성에 대한 약속을 지키고 행정수도 꿈을 실현하기 위한 진정성을 보이는 것이다. 문 대통령이 성공한 대통령으로 역사와 국민의 가슴속에 기억되길 기대한다.

제3부
행정수도 2

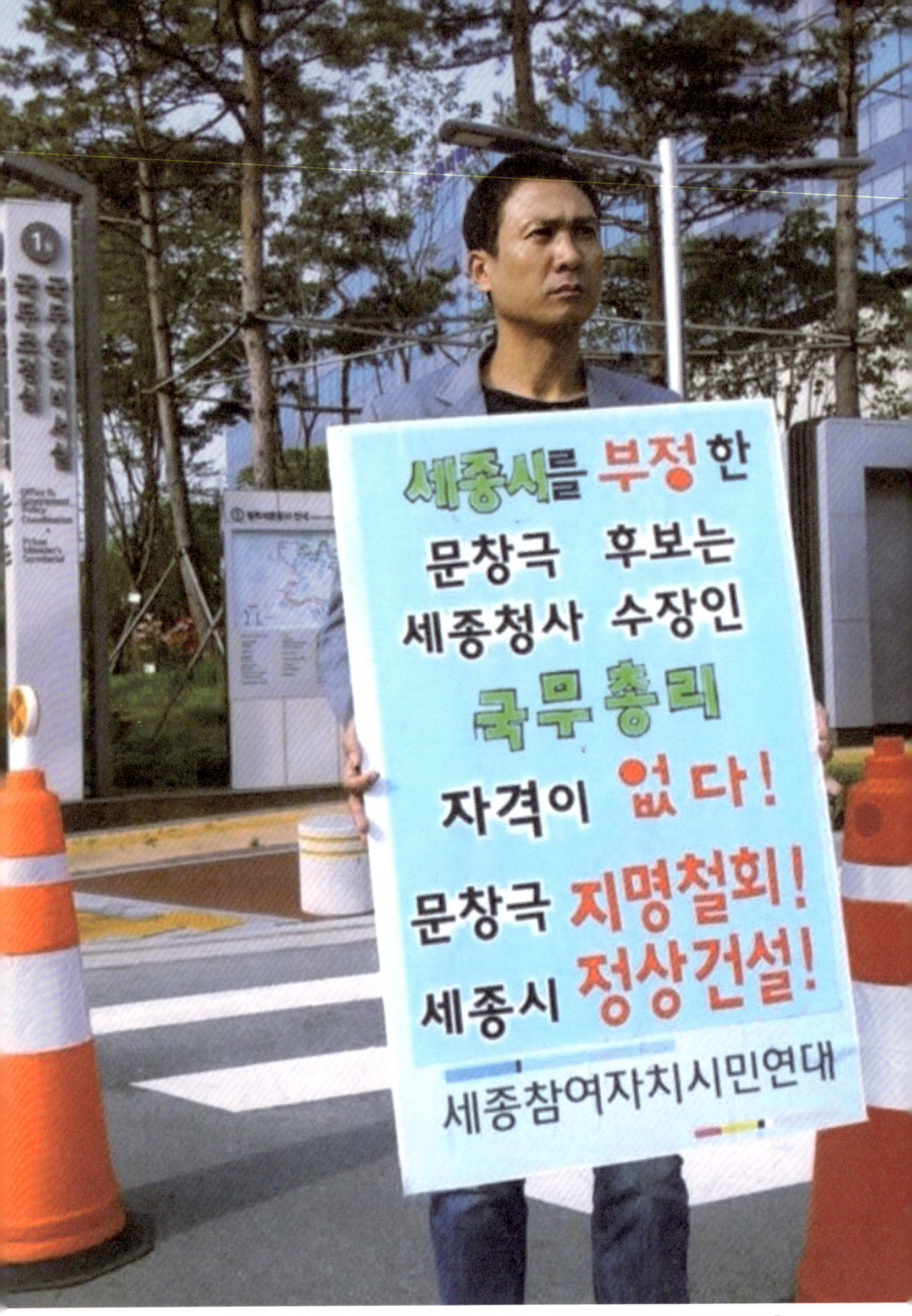

2014.06 문창극 총리 후보 지명 철회 촉구 릴레이 — "세종은 욕망의 땅이 아니다."
시민의 외침으로 철회되다.

박근혜의 세종시정책, 후퇴하고 있다

('미세먼지 가득한' 세종시 단상, 2015.12.29.)

　세밑이다. 세계적으로도 유례없는 엘니뇨현상으로 이상고온 현상이 전망된다. '사시사철' '삼한사온'이라는 표현도 흘러간 옛 노래처럼 가슴 한켠에 추억으로 남아 있을 뿐이다. 겨울은 겨울다워야 하는데 겨울답지 못하니 겨울에 기대며 살아가는 사람들은 한숨만 늘어간다.

　세종시는 2030년까지 역동적으로 성장하는 '진행형의 도시'이다. 올해 '세종시 정상추진'의 날씨는 어떻게 평가할 수 있을까. 올 초 세종시는 이완구 총리의 취임으로 술렁였다. 이완구 총리는 충청남도 도지사 시절, 세종시의 법적 지위 논란에서 '정부 직할의 특별자치시'가 아닌 '충남도 산하 기초특례시'를 주장하며 지역 민심과 동떨어진 입장으로 비판을 받았다.

　게다가 인사 청문회 과정에서 드러난 언론 외압, 병역 기피, 부동산 투기, 논문 표절, 황제 특강 등 의혹이 꼬리를 물었다. 시민단체 입장에서 자진사퇴를 촉구했다. 충청권 일부에서는 '충청권 총리론'

을 주장하기도 했지만, 세종청사의 실질적인 수장으로서 도덕성과 자질에 심각한 흠결이 있다는 판단 때문이었다. 가까스로 국회에서 총리 인준을 받았지만, 암울한 그림자가 그때부터 드리웠다.

이완구 총리는 취임과 동시에 특유의 정치력과 뚝심으로 공직사회 기강 확립 및 부패척결에 단호한 의지를 천명했다. 특히 세종시 주요현안이었던 미래부와 해수부를 비롯한 신설부처 이전에 대한 강력한 의지를 내비쳤고, 세종시 조기정착에 역행하는 세종청사 통근버스 운행에 대한 로드맵을 수립할 것을 지시하기도 했다.

그러나 성완종 게이트로 인해 부패척결의 주체가 아닌 대상으로 전락하며 총리에서 불명예 퇴진하고, 지금은 법의 심판을 기다리고 있다. 총리 인준 당시 충청권에 게시됐던 '충청 총리 낙마하면 다음 총선 대선 두고 보자'라는 정체불명의 현수막이 성완종 회장이 조직한 충청포럼의 작품이라는 의혹이 파다한 걸 보면 정치는 아이러니의 연속이다.

이완구 총리에 이어 황교안 총리가 취임했다. 시민단체 입장에서는 공안검사 출신인 황 총리에 대한 우려가 많을 수밖에 없었다. 황 총리가 내면화한 상명하복식의 관료적 체질이 세종시 현안 해결에는 소극적으로 대처할 수밖에 없다는 판단 때문이다. 충청권 총리에 강력한 추진력을 갖고 있는 전임 이완구 총리와는 분명 대비되는 부분. 사실 박근혜 정부에서 잇따른 총리 후보의 낙마로 인해 사임과 유임을 반복한 정홍원 전 총리는 대통령에게는 충직한 관료였는지는 모르겠지만, 세종시 현안과 관련해서는 무기력한 식물 총리에 가까웠다는 평가가 중론이었다.

황 총리는 8월 4일, 취임한지 48일 만에 정부세종청사가 위치하고 있는 세종시에 뒤늦게 방문했다. 총리에 취임하자마자 이웃 주민에게 가장 먼저 인사하는 것이 순리인데, 뒤늦은 방문은 상식적으로 이해할 수 없는 대목이었다. 황 총리는 중앙행정기관의 세종시 이전, 세종~서울간 고속도로 건설, 세종시 종합운동장 건립, 세종아트센터 건립 등의 세종시 주요현안에 대해 검토하겠다는 일반적인 언급만 하고 세종시를 떠났다. 첫 번째 세종시 방문이 보여주기식 일회성 이벤트로 '속빈 강정'에 불과하다는 비판을 받기에 충분했다.

황 총리는 8월 25일, 세종시 지원위원회에서 행정자치부에 정부 부처 미 이전 기관의 절차를 마무리하고, 구체적인 실행계획을 세우라고 지시했다. 환영 입장을 발표하기는 했지만, 이것이 대통령의 뜻인지 아니면 황교안 총리의 결단인지 도무지 그 진의를 알 수 없었다. 공안 검사에 관료 출신인 황 총리가 부처 이전을 독자적으로 추진하는 것은 무리라고 예측했기 때문이었다. 아니나 다를까. 미래창조과학부를 제외한 반쪽자리 이전에 불과하다는 것이 만천하에 드러났다. 미래부의 세종시 이전에 대한 정부의 계획과 대책이 없다는 것은 정부의 명백한 직무유기이자 행정중심복합도시특별법 위반 행위이다. 진정성과 의지가 부족하다고 판단할 수밖에 없다.

박근혜 대통령은 지난 대선에서 '세종시 원안 플러스알파'를 약속했지만, 그 실체와 로드맵을 전혀 알 수 없는 것이 현실이다. 미래부 이전 지연, 행복도시건설청 예산 축소, 국립중앙수목원 준공 연기, 1,200석 아트센터 축소, 국립자연사박물관 유치 불투명 등 국책사업의 지속적인 표류는 박근혜 정부의 세종시 정책이 후퇴하고 있다는 것을 보여주고 있다.

세종시가 2020년까지 대학, 기업, 연구소, 첨단산업 기능 등 민간부문의 유치 및 자족기능 확충을 통해 자족적 성숙단계로 접어들기 위해서는 국책사업의 조속한 추진이 병행될 경우에만 가능한 일이다.

세종~서울간 고속도로 건설이 확정된 것은 그나마 위안이 되는 일이다. 그러나 세종시가 2030년 완성단계까지 '진행형의 도시'라면 갈 길이 멀고 할 일이 많다. 내년 4월에는 총선이 치러진다. 현 새누리당 정권은 지역별 장밋빛 공약을 제시할 것이고, 각 당의 총선 후보들도 이에 뒤질세라 거대한 공약을 제시할 것이다. 이미 세종시 건설취지와 도시계획을 무시하는 헛공약이 남발되고 있다.

세종시는 지방분권과 국가균형발전을 선도하는 국책도시로 태어난 만큼, 정부의 강력하고 일관된 의지와 계획이 중요하다. 올해 '세종시 정상추진'에 대한 정부의 진정성과 의지는 '느낌표' 보다는 '물음표'이다. 내년 총선을 앞두고 온갖 '세일' 상품들이 난무할 것이다. 현란한 유혹의 정치와 함께, 희뿌연 미세먼지가 세종시를 뒤덮고 있다. 걱정이다.

'세종시 원안 마이너스 알파'로 갈 것인가

(2015.09.24.)

행정자치부가 오는 23일 공청회를 개최해 국민안전처와 인사혁신처의 세종시 이전 절차를 밟을 계획이다. 행정중심복합도시특별법에 따라 당연히 이전해야 될 기관이고, 세종청사에 있는 국무조정실 소속인 만큼 마땅한 일이다.

그런데 마냥 환영하고 즐거울 수만은 없는 시국이다. '미래창조과학부 과천 잔류설'이 솔솔 흘러나오면서 미래부의 세종시 이전이 또다시 지연되고 있기 때문이다. 믿는 도끼에 발등 찍힌 격이고, 부지불식간에 뒤통수를 맞은 꼴이다.

행정중심복합도시특별법에 따라 이전 제외기관이 외교부, 통일부, 법무부, 국방부, 여성가족부, 안전행정부로 명기된 만큼, 미래창조과학부의 세종청사 이전은 법과 원칙에 따라 추진하는 것이 정당하다. 따라서 행정자치부로부터 흘러나온 '과천 잔류설'은 명백한 행정중심복합도시특별법 위반으로 정부가 앞장서서 국법을 부정하는 위법 행위인 셈이다.

또한 법과 원칙에 따라 마땅히 세종시로 이전할 것이라고 생각했던 20만 세종시민과 500만 충청도민을 우롱하는 것으로 정부가 세종시 조기 정착과 정상 추진에 의지가 없다는 것을 자인하는 것에 다름 아니다. 박근혜 정부의 창조경제를 주도하는 미래창조과학부를 제외한 신설부처 이전은 행정중심복합도시로의 기능을 상실하는 '반쪽짜리 이전'에 불과하다.

실질적으로 세종청사에 입주해 있는 해양수산부의 이전 고시에 관한 내용도 23일 공청회 계획에 빠져 있다. 내년 4월 총선을 의식한 정치적 결정으로 밖에 이해할 수 없다. 수도권 표심과 부산 · 경남 표심을 의식한 직무유기가 지속되고 있는 것이다. 미래부와 해수부 이전이 내년 4월 총선 이후로 지연된다면 2017년 대선까지 미루지 말라는 법이 없다. 미래부와 해수부 이전이 정치적 논리에 의해 희생양으로 전락할 우려가 커지고 있는 것이다.

세종시 조기 정착에 역행하는 암울한 소식은 구조적으로 나타나고 있다. 정부가 국회에 제출한 내년도 행복도시건설청 예산이 2,632억 원에 불과하다고 한다. 할 일이 태산인데 정부는 세종시를 작은 기초도시 정도로 생각하는 것 같다. 대통령이 약속했던 '세종시 원안 플러스 알파'의 실체는 알 수 없고, '마이너스 알파'만 횡행하고 있다. 기가 찰 노릇이다.

행복도시 개발계획상 당초 6조 300억 원이 올해 말까지 투입되어야 하지만, 지난 7월말 현재 집행 예산은 4조 3,135억 원에 불과하다. 계획대비 71.3% 집행률에 그치고 있고, 전체 사업비 22조 5,000억 원 가운데 토지보상비 7조 1,000억 원을 제외한 15조 4,000억 원의 44.4%(6조 8354억원)만 집행된 것으로 알려졌다.

즉 도시계획상 세종시가 올해 초기활력단계(2007~2015년)에 안착하고, 자족적 성숙단계(2016~2020년)로 도약하기 위해서는 예산이 적기에 투입되어도 모자란 마당에 정부가 내년도 예산을 2,600억 원대로 축소 편성한 것은 세종시 정상추진에 대한 의지가 없는 것으로 밖에 이해할 수 없다.

더욱이 세종시 자족기능 확보 및 인프라 구축을 위해 시급한 세종~서울 제2 경부고속도로 건설, 국가상징공원, 아트센터 건립, 조치원 연결도로 8차선 확장은 내년도 예산에서 제외됐고, 국립자연사박물관이 보류된 국립박물관단지 조성도 당초 계획보다 지연되어 추진되고 있다.

정부가 국가 재정난 속에 사회간접자본(SOC)의 축소 방침을 수립했다 해도 세종시는 수도권 과밀해소와 국가균형발전을 위한 선도도시로 태어난 국책도시인 만큼, 타 지방사업과 동일하게 예산축소 방침을 적용하는 것은 어불성설이다.

또한 박근혜 대통령이 '세종시 원안 플러스 알파'를 약속했던 만큼, 세종시 정책의 후퇴는 대국민 약속의 파기이기도 하다. 정부는 실체와 청사진을 알 수 없는 '세종시 원안 플러스 알파'에 대한 로드맵을 제시하고, 세종시 조기 정착과 정상 추진을 위한 단계별 지원 계획을 분명하게 밝혀 국민과의 약속을 반드시 지켜야 한다.

그러나 문제는 세종시 정책에 대한 정부의 신뢰도가 땅에 떨어졌다는 것이다. 미래부 과천 잔류설에서 알 수 있듯 정부의 세종시에 대한 입장은 '없음'이라는 두 단어로 집약된다. 이쯤 되면 기다림과 인내의 한계도 임계점에 도달할 수밖에 없다.

지역의 정치권과 단체, 기관은 시급하게 공동연대기구를 구성하여 선제적이고 능동적인 대응을 펼쳐나가야 한다. 세종시 원안사수 운동과 같은 절박하고 결연한 의지 없이는 세종시 정상 추진은 요원하다는 것을 일련의 사태를 통해 직시해야 한다. 자칫 잘못하다가는 소 잃고 외양간 고칠 수도 있는 법이다.

미래부 과천 잔류, 배신의 정치

(어느 이상주의자의 고백, 2015.08.11.)

내년 4월이면 총선이다. 총선을 앞두고 정치개혁이 선행되어야 함은 당연지사이다.

국회 산하이던 선거구 획정위원회가 선거관리위원회로 자리를 옮겼다. 과거 선거구 획정위원회의 결정이 여야 정치권의 이해관계에 의해 번복된 전례가 많았다. 국회의원들의 밥그릇과 직결되는 선거구 획정에 대한 이해 당사자들의 반발과 양당 독주체제 하에서 제1당과 제2당의 이해관계가 맞물린 결과였다.

정치라는 것이 권력 획득이 목표라면 법적인 가치나 이상적인 신뢰 지향보다는 즉자적이고 즉물적인 이해관계에 충실한 것이 유권자의 감성을 자극하며 표로 귀결될 수 있다. 정치를 인문학이 아닌 공학이라고 하는 이유도 그런 맥락일 것이다.

지난 9일 송호창 의원(과천 · 의왕, 새정치민주연합)은 미래창조과학부의 과천청사 유지가 확정됐다는 보도자료를 발표했다. 올해 9월과 내년 2월에 2단계에 걸쳐 이전한다는 세부일정까지 공개했다. 마른하늘의 날벼락이고, 그마저 믿었던 도끼에 발등이 찍힌 격이다.

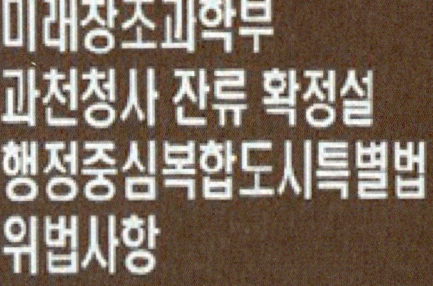

미래창조과학부
과천청사 잔류 확정설
행정중심복합도시특별법
위법사항

세종시 존립근거 부정하면
강력한 대정부 투쟁에
나설 것임을 경고한다!

— 세종참여자치시민연대 —

2015.08 신설부처 세종 이전 촉구 릴레이 — 다시 세종으로, 국가균형발전의 길을 열다.

박근혜 정부는
행정중심복합
도시특별법에 따라
미래창조과학부
해양수산부
국민안전처
인사혁신처
신설부처
이전 고시하라!

행정중심복합도시특별법에 따라 이전 제외기관이 외교부, 통일부, 법무부, 국방부, 여성가족부, 안전행정부로 명기된 만큼, 미래창조과학부의 세종청사 이전은 상식적이고 당연한 것이다.

다음날 부처 이전을 주관하는 행정자치부는 확정된 바가 없다는 해명 보도자료를 발표했다. 지나가는 소도 웃을 일이다. 법적인 절차에 따라 부처 이전 고시를 하지 않고 지연하고 있는 정부의 해명이 공허할 수밖에 없다. 알맹이가 없다. 실체가 없다. 화려만 말잔치만 난무한다.

세종시는 지방분권과 국가균형발전을 위한 선도도시로 태어났다. 비록 신행정수도에서 축소된 행정중심복합도시로 추진되고 있지만, 21세기 세계에서 유일하게 국가 주도로 건설되고 있는 국책도시이다. 법과 계획에 따라 차질 없이 추진되었다면 행정의 비효율성과 자족기능 부족과 같은 초기 도시 건설과정에서의 과도기적 현상도 선제적으로 대응이 가능했을지도 모를 일이다.

이명박 정부의 세종시 수정안 광풍이 세종시를 백지화의 낭떠러지로 몰아세운 적이 있다. 박근혜 대통령은 '세종시 원안 플러스 알파'를 약속했지만, 마땅히 와야 할 정부부처 이전은 지연되고 있고, 세종시 조기정착에 역행하는 통근버스 운행 로드맵은 제시조차 못하고 있다.

부처 이전이 몇 년 지연된다면 통근버스 운행도 연동되어 연장될 수밖에 없고, 공직사회에 대한 지역사회의 불신은 고조될 수밖에 없다. 악순환의 연속이다. 법과 원칙은 실종되고, 정치적 수사만 횡행한다.

정치의 과잉이다. 아니 정치의 배신이다. 2013년 9월 12일, 정부와 새누리당은 미래창조과학부와 해양수산부의 세종청사 이전에 합의했으나, 새누리당 정책위가 두 시간 후에 번복하며 국가균형발전을 염원하는 국민들과 세종시민을 우롱한 전례가 있다.

2015년 3월 23일, 새누리당 김무성 대표와 이완구 국무총리, 이병기 청와대 비서실장은 인사혁신처와 국민안전처 등 신설 중앙행정기관을 세종시로 이전하는 방안을 추진하기로 합의했으나, 다음날 언론에 보도되자 이를 즉각 부인하며 모르쇠로 일관하고 있다.

지금도 세종시에는 신설부처 이전을 축하하는 현수막이 걸려 있다. 일방적인 세종시의 짝사랑이다. '님은 갔지만 나는 님을 보내지 아니하였습니다'라고 항변하는 듯하다. 님은 이미 떠났다. 하지만 곧 돌아올 것이다. 총선과 대선이라는 정치적 계절과 함께 말이다.

9일 미래창조과학부의 과천청사 유지가 확정됐다는 송호창 의원의 보도자료 발표 이후 시민단체는 반박 성명, 인터뷰, 언론 기고, 토론회, 릴레이 1인 시위 등을 통해 정치적 논리로 변질되고 있는 신설부처 세종시 이전의 법적 타당성과 현실적 적합성을 알려내고 있다.

하지만 지역의 정치권과 시민사회가 연대하여 확장된 목소리를 이끌어내는 데에는 한계에 봉착하고 있다. 그만한 나름의 이유가 있겠지만, 과천의 절박성에 비하면 위기감이 드는 것이 사실이다.

또한 선제적이고 선도적으로 대응하는 시민단체의 입장이 이상주의자의 공허한 메아리는 아닐까 자괴감이 드는 것도 부정할 수 없다. 하지만 어찌할 수 없는 노릇이다. 정치의 과잉과 배신이 점철된 세종시에서는 이상주의자의 절규 또한 불가결한 것임을 모르지 않으니 말이다. 오늘도 비록 조용하지만, 간절한 외침은 계속되고 있다.

미래창조과학부 잔류는 말도 안되는 막말

(세종시 원안사수, 오늘도 진행형, 2015.07.14.)

세종시 특별법으로 이전 부처로 명기된 미래창조과학부에 대해 해당지역 국회의원이 잔류 확정 보도자료를 배포했다. 사실 여부를 떠나 세종시에서는 시민 단체에서 발끈하면서 '말도 안되는 소리'라며 강력하게 반발하고 있다. 국무조정실 앞에서 릴레이 시위를 벌이면서 지역민들의 의사를 전달하고 있다. 이런 가운데 세종참여자치시민연대 김수현 사무처장이 미래창조과학부의 세종시 이전에 관한 글을 보내왔다./편집자 씀

지난 9일 송호창 의원(과천 · 의왕, 새정치민주연합)은 미래창조과학부의 과천청사 유지가 확정됐다는 보도 자료를 발표했다. 마른 하늘의 날벼락이었다. 행정중심복합도시특별법에 따라 이전 제외기관이 외교부, 통일부, 법무부, 국방부, 여성가족부, 안전행정부로 명기된 만큼, 미래창조과학부의 세종청사 이전은 상식적이고 당연한 것이다. 다음날 부처 이전을 주관하는 행정자치부는 확정된 바가 없다는 해명 보도자료를 발표했지만, 과천청사에 지역구를 둔 혈기왕성한 의원의 해프닝이라고 치부하기에는 정부의 행태가 석연치 않은

구석이 너무 많다.

2013년 9월 12일, 정부와 새누리당은 미래창조과학부와 해양수산
부의 세종청사 이전에 합의했으나, 새누리당 정책위가 두 시간 후에
번복하며 국가균형발전을 염원하는 국민들과 세종시민을 우롱한 전
례가 있다. 2015년 3월 23일, 새누리당 김무성 대표와 이완구 국무
총리, 이병기 청와대 비서실장은 인사혁신처와 국민안전처 등 신설
중앙행정기관을 세종시로 이전하는 방안을 추진하기로 합의했으나,
다음날 언론에 보도되자 이를 즉각 부인하며 모르쇠로 일관하고 있
다. 지금도 세종시에는 신설부처 이전을 축하하는 현수막이 걸려 있
다. 코미디와 해프닝의 연속이다. 세종시가 정부여당의 말 바꾸기와
모르쇠의 대상으로 전락한 듯하다.

미래창조과학부가 과천청사에 잔류하는 것이 아니라 단순한 공간
이동이라는 정부의 해명은 지나가는 소도 웃을 일이다. 내년 2월까
지 2단계에 걸쳐 진행하는 이전 비용이 결국은 국민의 혈세가 분명
하다면 애당초 세종청사 이전을 서두르는 것이 현명한 일이다. 혈세
절감과 행정의 효율성 제고 차원에서도 당연한 일이다. 그런데 왜
이전이 지연되고 있는가? 왜 과천청사 잔류설을 확산시키고 있는
가? 내년 4월 국회의원 선거에서 미래창조과학부는 수도권 표심을,
해양수산부는 부산경남 표심을 고려하고 있는 것은 아닌가? 또 선
거가 지나고 시간이 흐르면 부처 이전이 유야무야되기를 바라는 것
은 아닌가?

2015.08 효림 스님과 함께한 릴레이 시위 — 종교와 시민이 하나 되어 세종을 외치다.

2004년 신행정수도 위헌 판결 이후 정치적 논리에 의해 왜곡되고 좌절되었던 '세종시 트라우마'가 다시 횡행하고 있다. 세종시가 봉인가? 언제까지 정부여당은 세종시를 대상으로 정략적 놀음의 희생양으로 삼을 것인가. 지난 대선에서 '세종시 원안 플러스 알파'를 약속한 박근혜 대통령의 공약은 어디에 갔는가. 세종시 조기정착에 역행하는 공무원 통근버스 운행도 일체의 계획이 없다는 것이 정부의 공식적인 답변이다. 퇴행적이고 의지박약이다. 실체는 없고 말잔치만 화려하다.

정부세종2청사가 사실상 방치되고 있는 것도 국민의 혈세낭비이자 정부의 직무유기이다. 정부세종2청사는 당초 소방방재청이 들어설 예정이었으나, 정부조직법에 따라 소방방재청이 국민안전처 산하 중앙소방본부로 재편되면서 입주 추진이 전면 중단됐다. 현재는 한국정책방송원(KTV)만이 입주해 30% 정도를 사용하면서 7개월째 건물의 70%가 방치되고 있다. 국민안전처와 산하인 중앙소방본부 이전 지연으로 생긴 일이다. 혈세는 세는데, 책임지는 곳이 없다. 부처 이전과 관련해서는 무정부 상태이다.

만약 정부의 미래창조과학부 과천청사 잔류 확정이 사실이라면 행정중심복합도시특별법을 무시한 심각한 위법적 행위이다. 지방분권과 국가균형발전을 위한 선도도시로 국가정책목표에 의해 태어난 세종시의 존립 자체를 국가가 앞장서서 부정하는 이율배반적 행위이다. 행정중심복합도시특별법에 따라 법을 개정하지 않고도 행정자치부 장관 고시에 따라 부처이전이 가능하다고 유권해석을 이미

내린 것이 정부이다. 행정자치부장관은 미래창조과학부와 해양수산부, 국민안전처와 인사혁신처의 세종시 이전 고시를 조속히 이행해야 한다. 그러나 대통령과 여당의 눈치만 보는 장관이 독자적으로 고시하는 것은 어려운 일이다. 결국은 대통령과 집권여당의 몫이다.

정부가 법을 어기면서까지 미래창조과학부의 과천청사 잔류 확정을 고집한다면 '제2의 세종시 수정안'으 로 간주하고 세종시 원안사수 운동에 준하는 강력한 저항에 직면할 것이다. 박근혜 대통령의 '세종시 원안 플러스 알파'에 대한 대국민약속 파기와 세종시 정상추진과 조기정착에 대한 정부 여당의 의지가 없는 것이라 판단하고, 향후 총선과 대선에서 유권자의 이름으로 엄중하게 심판할 것이다.

세종시가 봉인가. 이제는 기다리고 있을 때가 아니라 전열을 정비할 때이다. 세종시 정상건설을 위한 역사는 진행형이다. 세종시 정상건설의 기준은 법과 원칙이다. 법과 원칙을 지키기 위해서라도 결연한 싸움을 준비해야 한다. 세종시 원안사수, 오늘도 진행형이다.

국민안전처, 인사혁신처 이전은 상식

(법과 원칙만 따르면 될 일, 2015.3.10.)

정부조직법 개정안이 지난 19일 0시를 기점으로 공포, 시행됨에 따라 국민안전처와 인사혁신처와 같은 신설부처의 설치를 두고 논란이 가열되고 있다. 정부혁신의 일환으로 추진된 정부조직 개편이 오히려 공무원 증가라는 딜레마를 촉발하고 있는 상황에서 신설부처 이전에 대한 소모적 논쟁은 박근혜 정부의 국가경영 철학과 지도력에 의구심을 갖게 하는 중대한 대목이 아닐 수 없다.

박근혜 대통령에게 세종시는 약속의 땅이었다. 이명박 정부가 대통령 공약이었던 세종시 원안 추진을 파기하면서까지 세종시 수정안을 국가기관을 총동원해 강행했을 때 당시 박근혜 대표는 세종시 원안을 고수했고, 여당 내의 야당이라는 평가를 들으며 세종시 수정안을 부결시키는데 결정적인 역할을 했다. 결과적으로 이명박 대통령과 대립각을 세우며 박근혜 대표는 원칙과 신뢰의 정치인이라는 이미지를 구축했고, 지난 대선에서 캐스팅보트를 쥐고 있던 충청권 표심을 얻으며 당선됐다.

그러나 당선 후 박근혜 대통령의 세종시에 대한 인식은 후퇴하고 있다는 징후가 곳곳에서 포착되고 있다. 문제의 심각성은 이러한 징후가 구조적이고 연속적이라는 것이다. 복지예산 확대로 사회간접자본시설 예산을 축소하면서 행복도시 예산까지 삭감하고 있다. 수도권 과밀해소와 국가균형발전을 위한 선도도시로 태어난 행복도시와 일반 신도시를 동일한 시각에서 보고 있다는 얘기다. 또 행정중심복합도시특별법(이하 행복도시특별법)에 근거해 마땅히 세종시로 이전해야 할 미래창조과학부와 해양수산부의 세종시 입주는 이전 고시조차 하지 않으면서 허송세월을 보내고 있다. 급기야는 신설부처인 국민안전처와 인사혁신처의 세종시 이전에 대한 이상 징후마저 감지되고 있다.

행복도시특별법상 이전 제외 기관이 외교부, 통일부, 법무부, 국방부, 여성가족부, 안전행정부로 명기된 만큼, 신설부처인 국민안전처와 인사혁신처의 세종시 이전은 당연하고, 이들 부처가 세종청사의 국무조정실 산하인 만큼 세종시 이전은 상식이다. 세월호 참사 이후 정부조직 개편의 시발점이 된 '국민안전'의 통합적 관리 차원에서도 국민안전처 소속인 중앙소방본부와 해양경비안전본부 역시 세종시 이전이 순리다. 일각에서 제기되고 있는 국민안전처와 인사혁신처의 서울 잔류는 법과 원칙을 망각한 공무원들의 전형적인 편의주의적 사고로 결코 용납할 수 없다.

문제는 기우로 그치길 바라지만 신설부처의 세종시 이전에 정치적 논리가 작용하고 있다는 의구심이 증폭되고 있다는 것이다. 법과 원칙에 따라 추진하는 것이 바람직하지만 공무원들의 편익과 타 지역 정치권의 반발 등을 의식해 이전 결정에 미온적인 것이 아닌가 하는 불신이 확산되고 있다. 세종시는 2004년 신행정수도 위헌 판결 이후 법과 원칙이 아닌 정치적 논리에 따라 좌절되고 백지화될 위기에 처하곤 했다. 대표적인 것이 이명박 정부의 세종시 수정안 파동이다. 비록 수정안 국회 폐기로 우여곡절 끝에 재추진됐지만 그로 인해 세종시 정상추진에 막대한 차질을 빚고 있다.

미래부와 해수부의 세종시 이전 고시 지연도 정치적 이유 때문이란 것을 알만 한 사람은 다 알고 있다. 올해 6·4 지방선거를 앞두고 집권여당의 텃밭이고 전략적 요충지인 부산·경남 표심과 수도권 표심을 의식해 미래부와 해수부 이전을 지연했다는 것이 대체적인 분석이다. 정부와 여당은 정치적 부담을 최대한 줄이기 위해 6·4 지방선거 이후로 결정을 미뤘다고 하지만, 지금은 지연할 하등의 명분도 없다.

그나마 다행스러운 것은 박수현 의원이 행복도시특별법 일부 개정 법률안을 대표발의하기로 한 점이다. 행정자치부(옛 안전행정부)를 세종시 이전 대상 제외 기관에서 삭제하고, 신설기관인 국민안전처와 인사혁신처를 이전 기관에 포함하도록 하는 내용이다. 이춘희 시장 또한 공조 의사를 표명한 것은 고무적인 일이다.

기존 안전행정부도 당연히 세종시로 이전했어야 하지만 부처 이기주의로 인해 무산됐고, 행정자치부로 축소돼 재구성된 만큼 이번 기회에 함께 이전토록 하는 것이 타당하다. 행자부가 세종청사 및 지자체를 총괄 관리하고 있는 만큼 업무의 효율성 제고 차원에서도 세종시 이전이 마땅하다. 옛 안행부가 정치적 타협의 산물로 서울에 잔류했다면, 정부혁신이라는 정부조직 개편의 취지를 살리기 위해서도 행자부의 세종시 이전은 동반되는 것이 적합하다.

국민안전처와 인사혁신처, 미래부와 해수부의 세종시 설치는 세종청사 통근버스 운행 및 공무원 관사 운영 등으로 인해 정부의 정책이 세종시 조기정착과 정상추진에 역행한다는 비판 여론이 고조되고 있는 상황에서 정부의 세종시 건설에 대한 의지를 가늠할 수 있는 중요한 시험대가 될 것이다. 또한 박근혜 대통령이 수차례 약속했던 '세종시 원안 플러스 알파'에 대한 실체를 전혀 알 수 없는 상황에서 세종시의 연착륙을 위한 정부의 근본적인 대책이 존재하는지 여부를 판단할 수 있는 중대한 시금석이 될 것이다.

정부는 행복도시특별법에 따라 국민안전처와 인사혁신처, 미래부와 해수부의 이전 고시에 대한 로드맵을 시급하게 제시하고 법과 원칙에 따라 조속하게 추진하는 것이 마땅하다. 또한 국회는 행복도시특별법을 개정해 정부혁신과 세종청사의 효율성 제고를 위한 법적 장치를 구축하는 것이 본연의 역할이다. 공간의 부족과 재배치는 부수적인 이유에 불과하다. 국민안전처와 인사혁신처는 광화문 인근 서울청사와 민간 사무 빌딩을 청사 공간으로 활용하고 있다. 따라서 세종청사의 유휴 공간 활용이 어렵다면 민간 건물을 사용하겠다는 의지와 결단까지 필요하다. 과거의 세종시 수정안 파동처럼 법과 원칙이 아닌 정치적 이유로 인해 국가정책목표에 의해 태어난 세종시가 왜곡되는 전철을 밟지 않기를 바란다.

부실 아파트와 세종시의 자화상

(명품도시와 부실도시의 기로, 2014.07.22.)

　세계적인 명품도시를 지향하는 세종시에서 뼈대가 없는 부실아파트 시공 논란으로 전국적으로 커다란 망신을 사고 있다. 시공사와 협력업체, 감리업체 간의 구조적 부조리가 낳은 필연적 결과라고 하지만, 시민들의 반응은 충격을 넘어 분노의 수준에 이르고 있다. 사람의 생명과 직결된 사안으로 업계의 관행으로 치부하기에는 충격파가 천재지변에 가깝다. 지방분권과 국가균형발전을 선도하고, 행정과 경제, 교육의 중심도시로 성장하는 세종시의 미래가치에 투자했던 시민들의 기대는 회의적인 시각으로 바뀌고 있다. 명품도시를 꿈꾸는 세종시가 뿌리부터 흔들리고 있는 것이다. 어찌 보면 부실 논란은 세종시 건설의 역사와 현주소를 투영하고 있는 지도 모른다.

　세종시민 중에서 세종시가 정상적으로 건설되었다고 생각하는 사람은 많지 않을 것이다. 국가정책목표에 의해 태어난 세종시는 정치적 이해관계에 의해 우여곡절을 겪어 왔다. 이명박 정부에서는 세종시 수정안 파동으로 인해 백지화될 위기에 처하기도 했다. 당시 세종시 건설의 주무 부처였던 행복도시건설청은 세종시 수정안 홍보에 열을 올리고 있었다. 수익성이 보장되지 않는다고 대기업 건설사들은 떠나가고, 지방의 중견기업들이 역할을 대신했지만 우려의 목소리는 높아만 갔다. 이렇게 세종시는 정치적 이유로 인해 도시계획의 일관성과 지속성이 결여된 채 우후죽순으로 건설에 박차를 가했고, 성냥갑 도시라는 비아냥거림도 모자라 지금은 부실 도시라는 오명까지 떠안게 되었다.

21세기 세계에서 유일한 국가중심의 계획도시인 세종시는 본래의 취지에 부합하게 도시계획이라는 원칙과 일정에 따라 건설되는 것이 바람직하다. 원형지를 최대한 살려 자연 지형과 조화를 이루게 하고, 창의적이고 감각적인 도시경관으로 자연과 사람, 건물이 공존하는 인간존중의 도시, 자연친화적인 도시로 나아가야 한다. 그러나 현재까지의 진행과정을 보면 이러한 목표는 빗나간 이상향으로 밖에 비춰지지 않는다. 현실적인 조건과 변화된 조건에 맞춰 도시계획을 탄력적으로 수정하는 것은 불가피한 것이지만, 통합적인 도시계획은 방기한 채 주위와 조화를 이루지 못하고 하늘로만 치솟는 건물을 보면 개별화된 신도시에 살고 있는 느낌이다. 공존을 무색하게 하는 이러한 직선적 사고, 관행적 사고가 이번 부실시공 논란의 하나의 원인인지도 모를 일이다.

세종시가 정상적으로 추진되기 위해서는 정치적 사고, 관행적 사고는 반드시 넘어야 할 산이다. 정치적 사고가 세종시 정상추진을 위한 법과 원칙을 무시한 것이라면, 관행적 사고는 세종시가 명품도시로 성장하기 위한 법과 원칙을 무시한 행태이다. 세종청사에서도 불만이 팽배하고 논란이 되고 있는 안전행정부의 서울 잔류도 근본적으로는 정치적 이유 때문이다. 행정중심복합도시특별법상 국방과 통일, 외교를 제외한 모든 부처를 세종청사로 이전하는 것이 당연하지만, 주요부처 이전을 놓고 힘겨루기를 했던 여야의 정치적 타협의 산물로 안전행정부의 서울 잔류를 결정한 측면이 강하다. 다행히도 김관영 의원의 대표 발의로 안전행정부의 세종시 이전을 골자로 하는 행정중심복합도시특별법 개정안이 국회에 제출된 만큼, 여야는 세종시 건설 취지에 맞게 법과 원칙에 따라 국회통과를 위해 대승적으로 협력해야 한다.

또한 미래창조과학부와 해양수산부의 세종시 이전이 지연되는 것도 정치적 맥락을 같이 한다. 해양수산부는 부산경남, 과천청사에 잔류하고 있는 미래창조과학부는 수도권 표심을 의식해 최종 확정이 지연되고 있다. 6 · 4 지방선거라는 중요한 정치 일정을 고려한 탓이다. 이기적이고 편협한 정치적 사고에 세종시가 휘둘리고 있는 셈이다.

지난 4월 8일, 모아미래도 아파트 입주자들이 이재관 세종시장 권한대행(행정부지사)과 면담을 했다. 입주자들의 반응은 절규에 가까웠다. 아파트 부실시공에 대한 관리감독이 소홀했던 행복도시건설청은 문제해결 과정에서도 당사자인 입주자들을 배제시키고 있다는 격앙된 소리가 나왔다. 예정지역 건설에 대한 권한이 없는 세종시청은 행복도시건설청에 협조 요청을 하겠다고 하지만 실효성이 있을지 의문이다. 관행적 행정의 사각지대에 부실시공 최대의 피해자인 입주자의 억울함이 깊어지고 있다.

 업계의 구조적인 비리와 관행으로 넘기기에는 상황이 녹록하지 않다. 이번 사태는 안전의 문제를 넘어 미래의 생존을 위협하는 절체절명의 문제이다. 또한 명품 세종시의 향배를 가늠하는 중요한 시험대이다. 관행적으로 문제를 해결하려 한다면 연쇄적인 문제를 낳고 확대시킬 뿐이다. 관리감독을 제대로 하지 못한 행복도시건설청의 태생적 한계가 있다면 정부 차원에서 문제해결을 위해 적극 나서야 한다. 시민의 생명을 담보로 사기 행각을 벌인 범죄행위를 묵과할 수 없는 일이다.

 정치적 사고와 관행적 사고가 세종시를 병들게 하고 있다. 이러한 변칙적 사고가 난무한다면 '명품 세종시'가 아닌 '부실 세종시'로 전락할 수밖에 없을 것이다. 세종시 미래에 대한 기대는 한낱 공염불에 지나지 않을 것이다. 미국의 캔자스 대학 학생들과 간담회를 진행한 적이 있었다. 학생들을 인솔한 알프레드 교수는 세종시가 워싱턴 DC와 같은 세계적인 행정수도로 성장하길 바란다는 응원의 메시지를 보냈다. 세계가 기대하고, 대한민국이 주목하고 있는 세종시는 이러한 응원과는 거리가 먼 것이 현실이다. 몸체도, 뼈대도 부실하다. 부끄러운 일이다.

워싱턴DC냐 과천이냐

(수상한 미래부 · 해수부 이전. 2014.07.22.)

지난해 9월 12일, 한국 정치사에 길이 남을 희대의 해프닝이 일어났다. 정부와 새누리당은 이날 오전 당정협의회를 통해 미래창조과학부와 해양수산부의 세종청사 입주를 결정했다. 안행위 새누리당 간사인 황영철 의원은 당정 협의 후 브리핑에서 "미래부와 해수부를 세종시로 이전하는 것에 대해 원칙적으로 의견을 모았다"고 밝혔다.

그러나 새누리당 정책위는 당정협의 발표 뒤 약 2시간 후 별도의 보도자료를 내고 "새누리당은 언론에 보도된 바와 달리 해수부와 미래부의 세종시 배치를 확정한 바가 전혀 없다"며 "앞으로 공청회 등을 거쳐 충분히 의견을 수렴한 후에 최종적으로 확정할 예정"이라고 말을 바꿨다.

그날 오후 3시, 세종시청에서는 유한식 세종시장을 비롯한 주요 기관단체장과 세종시민들이 모여 미래부와 해수부의 세종시 입주가 세종시의 조기정착과 정상추진에 기여할 것이라며 만세삼창까지 부르며 환영했다. 집권여당의 오락가락한 행보가 빚은 촌극이었다. 정치적 논리로부터 자유롭지 못한 세종시의 건설 역사를 재차 확인한 셈이다. 뒷맛이 개운하지 않은 이유다.

2004년 신행정수도 위헌 판결 이후 세종시는 법과 원칙이 아닌 정치적 논리에 따라 좌절되고 백지화될 위기에 처하곤 했다. 대표적인 것이 이명박 정부의 세종시 수정안 파동이다. 비록 수정안 국회 폐기로 우여곡절 끝에 재추진되었지만 그로 인해 세종시 정상추진에 막대한 차질이 빚어졌다.

한마디로 세종시 수정안 파동은 '잃어버린 2년'이었다. 공공부문의 건설은 그나마 정상적으로 추진된 반면, 민간부문에서는 대기업이 떠나가는 등 지연되면서 도시기반시설 취약과 정주여건 미흡으로 나타나고 있다. 또한 '행정의 비효율성'에 대한 선제적이고 능동적인 대책을 강구하지 못하는 등 세종시 조기정착과 자족기능 확충에 대한 심각한 문제를 야기하고 있다.

따라서 세종시 건설의 불행한 단면을 반추했을 때, 미래부와 해수부 이전도 정치·정략적 논리로 접근해서는 안 된다. 지방분권과 국가균형발전을 선도하는 국가정책목표에 의해 태어난 세종시의 건설 취지에 부합하게 법과 원칙에 따라 추진하는 것이 바람직하다. 행정중심복합도시특별법상에서 외교, 안보, 국방 등을 제외한 정부부처의 이전 약속, 중앙행정기관 이전 고시에서 미래창조과학부의 전신인 과학기술부와 정보통신부가 포함된 점, 세종시가 국제과학비즈니스벨트 기능지구이고 오송생명과학단지와 근접한 점, 세종청사

유관 부처와의 업무 연계성, 행정중심복합도시로서의 세종시의 위상을 고려했을 때 미래부와 해수부의 세종청사 입주는 지극히 상식적이고 당연한 일이다.

그러나 문제의 심각성은 미래부와 해수부 이전에 정치적 논리가 작용하고 있다는 의혹 때문이다. 해수부 이전을 요구하는 부산은 김무성 의원을 비롯한 집권여당의 정치 중진들이 대표하고 있는 핵심 지역이다. 또한 미래부가 남아 있는 과천청사는 서울, 경기, 인천을 잇는 교통 요충지이자 수도권 민심의 바로미터다. 세종시민들은 정부와 여당이 정치적 부담을 최소화하기 위해 6·4 지방선거 이후로 결정을 미루는 것 아니냐는 의심을 하고 있다. 집권여당의 텃밭이고 전략적 요충지인 부산경남과 수도권 표심을 의식해 미래부와 해수부 이전을 주저하고 있다고 판단하는 셈이다.

이는 정치적 우여곡절로 산고를 겪었던 세종시가 다시 긴장할 수밖에 없는 이유다. 우선 유한식 시장은 정부와 여당으로부터 6월 지방선거 전까지 미래부와 해수부 이전에 대한 확답을 받아내는 정치력을 발휘해야 한다. 또한 지난해 말 1기 활동을 마쳤던 새누리당 세종시특위도 2기 활동을 통해 정부를 압박하고 수도권과 부산경남 의원들을 설득하기 위한 다각적인 노력을 기울여야 한다. 지난해 12월 19일, 세종시의 '자치권 확대'와 '재정적·행정적 지원'을 골자로 하는 세종시특별법 개정안 통과도 이해찬 의원과 이완구 새누리당 세종시특위 위원장의 초당적인 협력과 여야 중진으로 정치력을 발휘했기 때문에 가능한 일이었다. 따라서 미래부와 해수부 이전을 올해 세종시의 가장 시급한 정치적 현안으로 설정해야 한다. 시장의 과단성 있는 추진력과 여야의 초당적 협력, 범시민적 노력을 통해 반드시 실현해내야 한다.

지난해 정부부처 2단계 입주로 인해 세종청사 시대가 개막했다. 박근혜 대통령은 지난해 마지막 순방지로 세종청사를 방문하면서 '금강의 기적'을 통해 세종시를 행정과 경제의 중심으로 만들겠다고 약속했다. 세종시는 '완성형 도시'가 아니라 '진행형의 도시'다. 세종시 완성까지는 희망과 고비가 상존한다. 세종시가 '워싱턴 DC'와 같은 행정수도로 성장할지, 아니면 '과천'과 같은 행정타운에 머무를지 기로에 서 있는 셈이다. 관건은 정치적 논리가 아닌 법과 원칙에 따라 추진되어야 한다는 것이다.

세종시특별법 후속조치 이행이 세종시 완성 시금석

(2014.07.22.)

　지난 2월 4일, 세종시장과 교육감 예비후보들이 등록을 마치고 본격적인 지방선거 레이스에 돌입했다. 오는 2월 21일에는 시의원 예비후보들이 등록을 마치고 6 · 4 지방선거를 향한 대장정에 나설 예정이다. 각 예비후보들의 선거 사무실에 현수막이 부착되고, 예비후보들은 각종 행사와 모임에서 명함을 나눠주며 얼굴 알리기에 분주하다.

　이번 지방선거는 2012년 7월 1일 세종시 출범 이후 첫 치러지는 지방선거라는 점에서 의미가 크다. 또한 온전한 4년 임기의 일꾼을 선출한다는 점에서 세종시 지방자치의 실질적인 1기를 선언하는 역사적 의미도 있다. 나아가 세종시 건설 역사에서 2020년까지의 '자족적 성숙단계'의 토대를 구축하며 세종시의 미래와 운명의 향방을 결정하는 전환기적 의미도 지대하다.

　세종시 건설의 역사는 기본적으로 눈물과 상처의 연속이었다. 2004년 신행정수도 위헌 판결 이후 행정중심복합도시로 축소되어 추진됐고, 2010년에는 이명박 정부의 세종시 수정안 파동으로 인해 백지화될 위기에 직면하기도 했다. 당시 이명박 대통령은 임기 중에 세종시를 단 한 번도 방문한 적이 없을 정도로 세종시는 철저하게 외면당했다. 2010년 12월, 세종시 출범과 운영에 관한 최소한의 법적 요건을 마련하기 위해 '세종특별자치시 설치 등에 관한 특별법'이 제정되었다. 그러나 법적 지위와 관할 면적에 대해 명시하고 있을 뿐 실행력을 담보하지 못하는 미비한 법적 구성으로 예정지역과 읍면지역 간의 통합적인 도시계획을 수립하지 못하고 세종시가 출범하게 되었다. 세종시 현안으로 부각되고 있는 정주여건 미흡, 자족기능 부족, 예정지역과 읍면지역 간의 불균형 문제 등은 정책의 일관성을 담보하지 못한 세종시 건설의 슬픈 역사와 무관하지 않다.

따라서 이번 지방선거는 지난 10년간의 세종시 건설의 역사를 반면교사로 삼아야 한다. 지방분권과 국가균형발전의 선도도시로 태어난 세종시의 건설 취지가 대원칙이 되어야 한다. 세종시는 21세기 국가경쟁력 강화를 위해 수도권 일극 집중에서 다극 분산체제로 전환하기 위한 대한민국 중핵도시로 태어난 도시로 정책의 일관성과 지속성이 무엇보다 중요하다. 박근혜 대통령이 '세종시 원안 플러스 알파'로 신뢰와 약속의 정치인이라는 이미지를 구축했고, 이것이 지난 대선에서 충청권 표심을 얻는 데 결정적인 역할을 했다는 것은 부정할 수 없는 사실이다. 박근혜 대통령이 '금강의 기적'을 통해 세종시를 대한민국의 행정과 경제의 중심도시로 성장시키겠다고 호언한 만큼, 지방선거는 세종시 정상추진을 위한 구체적인 실행계획을 요구하는 공론의 장이 되어야 한다. 때에 따라선 세종시 완성을 위해 대통령과 '맞짱'도 불사하겠다는 의지와 결기도 천명해야 한다.

또한 이번 지방선거는 세종시가 직면하고 있는 현안을 토론하고 적임자를 선택하는 민주주의의 장이 되어야 한다. 다행히도 지난해 12월 19일, 세종시의 가장 큰 숙원사업으로 '자치권 확대'와 '행정적·재정적 특례'를 골자로 하는 세종시특별법 개정안이 국회를 통과해 세종시 정상추진의 기반을 다졌다. 우여곡절이 있었지만 세종시특별법 개정안 통과 과정에서 입증했던 여야의 초당적 협력, 500만 충청도민의 절대적 지지, 세종시민의 범시민적 협력을 견인할 수 있는 정치력을 발휘하는 것이 무엇보다 중요하다.

세종시특별법 개정안 통과 이후 후속조치 이행은 세종시 완성의 시금석이 될 것이다. 2015년부터 2020년 자족적 성숙단계까지 연간 800~1,000억 이상의 국비를 지원받고, 2020년까지 총액 최소 6,000억 이상의 지원을 확보했다고 하더라도 실행력을 담보하지 못하면 '빛 좋은 개살구'에 불과하다. 특히 광역발전특별회계 내의 실링(정부 예산의 대체적 요구 한도) 확보를 위한 투자목적성 특화사업 발굴을 위한 의제 발굴이 과제이다. 또한 행정수요 급증에 효율적으로 대응하기 위한 총액인건비 수시조정, 감사위원회 설치, 중앙부처와의 인사 교류 확대, 주민참여예산제 도입 등 주민자치 강화를 위한 의제에 시민사회가 적극적으로 참여할 수 있는 방안을 제시해야 한다.

읍면지역과 예정지역 간의 균형발전은 세종시 완성단계까지 지속적으로 대두될 현안이다. 읍면지역과 예정지역 간의 균형발전은 지역 간의 장점과 특성, 도농복합도시라는 세종시의 특수성을 고려하여 추진하는 것이 바람직하다. 일각에서 제기되고 있는 예정지역 우선발전론이나 기계적 균형발전론은 국가균형발전을 선도하는 세종시의 건설취지와는 거리가 멀다. 즉 각 지역의 순기능과 잠재력을 성장시킬 수 있는 특화전략과 의제발굴이 핵심이다.

세종청사 '행정의 비효율성' 문제는 정주여건 미흡과 함께 항상적으로 제기될 것이다. 문제의 핵심은 '행정의 비효율성'이 아니라 '국정의 비효율성'이다. 정부에서 대책으로 제시하는 영상회의 상용화, 스마트워크센터를 활용한 상설 소통 시스템 구축, 세종청사에 국회 상임위 회의장 설치 등은 단편적이고 단기적인 대책에 불과하다. 따라서 행정중심복합도시인 세종시 위상에 걸 맞는 국가 중추기능의 이전이 핵심과제이다. 우선 정부부처를 관리 감독하고 지자체 업무를 관장하는 안전행정부의 세종시 이전이 불가피하다. 또한 국회 분원 설치와 청와대 제2집무실 설치 등을 통해 '국정의 효율성'을 제고하기 위한 근본적인 대책을 수립해야 한다. 궁극적으로는 청와대와 국회, 대법원 등 국가중추기능의 실질적 이전으로 세종시가 신행정수도로 성장하는 것이 유일한 해법이다.

6·4 지방선거의 닻이 올랐다. 아무리 좋은 정책과 인물이 나와도 유권자가 무관심하면 관중 없는 맥 빠진 경기에 불과하다. 세종시가 대한민국의 중심도시로 성장하고 있다. 시민으로 자부심도 중요하지만 권리행사는 더더욱 중요하다. 이번 지방선거에서 세종시가 17

개 광역시도 중에서 가장 높은 투표율을 기록하는 것은 꿈에 지나지 않을까? 대한민국이 기대하고 있고, 세계가 주목하고 있다. 21세기 세계에서 유일하게 조성되고 있는 국가 중심의 계획도시인 세종시가 시민들의 자발적인 참여와 권리행사가 만개하는 민주주의의 중심도시로 성장하길 바란다.

행복도시, 너마저!

(2005.11.23.)

　우리의 가슴을 허탈과 분노로 짓누르던 행정중심복합도시특별법 위헌확인 소송 선고가 임박해 오고 있다. 작년 10월 21일 신행정수도건설조치특별법 위헌결정 이후 13개월간의 지루하고 긴장된 싸움의 결과가 눈앞으로 다가온 것이다. 우선 우리는 행정중심복합도시특별법 선고를 앞두고 심각한 불안과 우려를 감출 수가 없다. 지난 10월 27일 확정판결이 날 것이라는 일반적인 예상과는 달리 행정중심복합도시특별법 위헌확인 소송에 대한 선고가 거듭 미뤄지면서, 신행정수도건설특별조치법 위헌결정의 전철을 되풀이하지는 않을까 하는 우려로 이어지고 있다.

　작년 10월 21일 헌법재판소는 관습헌법이란 새로운 헌법을 제정하면서까지 신행정수도특별법에 대해 위헌결정을 선고하였다. 신행정수도특별법에 대한 위헌결정은 신행정수도 건설을 통해 수도권 과밀해소와 국가균형발전을 염원하였던 국민들에게 커다란 절망과 좌절을 안겨주었다. 혹한 겨울 우리는 전국 곳곳을 누비며 관습헌법에 따른 위헌결정의 부당성을 국민에게 알리고 신행정수도후속대책을 조속하게 마련할 것을 정치권에 촉구하였다. 결국 정부와 국회는 수차례의 공청회와 전문가 및 법무부의 자문을 거쳐 신행정수도보다 미흡한 행정중심복합도시특별법을 여야의 합의를 통해 제정하였다. 신행정수도에서 축소된 행정중심복합도시를 대승적으로 수용한 우리에게 행정중심복합도시마저 또다시 좌절되지 않을까하는 불안과 우려가 현실로 나타나고 있는 것이다.

우리는 국민통합과 국가균형발전을 위해 헌법재판소가 건강하고 합리적인 상식에 기초하여 행정중심복합도시특별법에 대해 합헌결정을 선고할 것이라 확신한다. 청와대와 국회, 통일·외교·안보 등 국가안위에 관한 주요부처가 서울에 잔류하고 행정부처를 일부 이전하는 행정중심복합도시는 결코 수도 이전이라 할 수 없으며, 또한 국민투표 대상이 될 수 없다. 행정중심복합도시가 위헌이고, 국민투표 대상이라면 이것은 대의민주주의와 의회주의, 삼권분립을 근간으로 하는 대한민국 헌법질서를 부정하는 것임과 동시에 사법독재의 암울한 서막을 의미하는 것이다.

행정중심복합도시의 좌절은 공공기관의 지방 이전 등을 포함한 국가균형발전 정책의 좌초를 의미하는 것으로, 이것은 전국이 골고루 잘사는 나라를 염원하는 지방민들의 소망을 처참히 짓밟는 것이다. 또한 민주주의에 대한 명백한 왜곡으로 후세에 부끄러운 역사로 기록될 것이다. 왜곡된 수도권 이기주의와 기득권 논리에 집착하여 헌법적 절차를 정략적으로 남용하는 세력에게 굴복하는 정략적인 결정이 아닌 이상 합헌결정은 다분히 상식적인 영역에 불과하다.

따라서 행정중심복합도시특별법에 대한 위헌판결이나 국민투표 결정은 꿈에서도 상상할 수 없는 일이다. 이로인한 국론분열과 지역갈등, 국가대공황을 어떻게 감당할 것인가? 신행정수도 위헌결정 이후 단식과 삭발, 혈서와 시위 등을 통해 조속한 신행정수도대책 마련과 행정중심복합도시의 지속추진을 주장했던 우리는 과연 어느 나라 국민이란 말인가? 헌법재판소는 행정중심복합도시특별법에 대한 합헌결정으로 국민통합과 국가균형발전의 대장정에 나설 것을 촉구한다. 이것이 상식이다.

행복도시 합헌결정,
헌법재판소의 상식을 기대한다

(2005.10.26.)

지난 20일 서울 종묘공원에서 '행정도시 지속추진 범국민대회'를 개최하였다. 이날 범국민대회의 취지는 행정중심복합도시특별법 위헌확인 소송 선고를 앞두고, 행정중심복합도시특별법 합헌결정의 정당성을 헌법재판소와 국민에게 알리고자 함이었다.

작년 10월 21일 헌법재판소는 관습헌법이란 새로운 헌법을 제정하면서까지 신행정수도특별법에 대해 위헌결정을 내렸다. 신행정수도특별법에 대한 위헌결정은 전국이 골고루 잘사는 나라를 염원하였던 국민들에게 절망과 좌절을 안겨주었다. 혹한의 겨울 우리는 전국 곳곳을 누비며 관습헌법에 따른 위헌결정의 부당성을 알리고 신속한 신행정수도후속대책을 마련할 것을 촉구하였다. 결국 국회는 신행정수도보다 미흡한 행정중심복합도시특별법을 제정하였고, 국민통합과 국가균형발전을 위한 대장정에 나서기 위해 우리는 행정중심복합도시특별법을 대승적으로 수용하였다.

그러나 수도권 이기주의와 기득권에 집착한 일부 세력은 행정중심복합도시특별법마저 위헌소송을 제기하더니, 일부 보수 언론과 합세하여 행정도시가 수도분할인양 사실을 호도하며 국론분열을 조장하였다. 헌법재판소의 신행정수도 위헌결정에 따르면 국회와 대통령의 소재지는 수도의 결정적 요소이며, 정부부처의 분산배치는 정책적 고려가 가능하다고 적시하고 있다. 연기공주로의 행정부처 일부이전이 위헌이라면, 과천청사도 위헌이란 말인가?

왜곡된 수도권 이기주의와 기득권 논리에 집착하여 헌법적 절차를 정략적으로 남용하는 세력에 의해 자행되고 있는 수도분할론은 국론을 분열시키고 대의민주주의를 부정하는 행태이며, 나아가 공공기관 지방 이전을 포함한 균형발전을 좌절시키려는 음모라 하지 않을 수 없다.

또한 반균형발전 세력은 여기서 멈추지 않고 행정도시에 대해 국민투표를 주장하는 망발을 일삼고 있다. 국가중요정책에 대해 '필수적' 국민투표를 주장하는 것은 자유민주주의 실현원리로서의 대의민주주의와 의회주의에 대한 부정으로 심각한 국가혼란과 국론분열을 초래할 수 있다. 또한 행정부와 사법부, 입법부의 삼권분립의 정신을 침해하는 것으로 국가체제 존립 근간을 뒤흔드는 위험한 발상이다. 왜곡된 정략적 주장으로 국민투표를 주장하는 것은 행정도시를 비롯한 국가균형발전을 가로막기 위한 전형적인 발목잡기에 불과하다.

우리는 헌법재판소가 수도권과 지방의 상생, 국가균형발전을 위해 행정중심복합도시특별법에 대한 합헌결정을 선고할 것이라 확신한다. 신행정수도특별법에 대한 위헌결정에 대해 분노하고 좌절하며 불면의 밤을 지새워야 했으나, 국민통합과 국가균형발전을 위해 신행정수도 보다 미흡한 행정중심복합도시를 대승적으로 수용하였던 우리로서는 헌법재판소의 상식적이고 합리적인 합헌결정을 당연히 기대한다. 행정도시가 위헌이고, 국민투표 대상이라면 대의제와 의회주의, 삼권분립을 근간으로 하는 대한민국의 헌법질서는 처참히 무너지는 것이며, 민주주의와 국가균형발전의 역사적 후퇴를 의미하는 것이다. 작년 이맘때의 절망과 고통이 또다시 반복된다면, 그 뒷감당을 어떻게 당해낼 것인가? 헌법재판소의 상식을 기대한다.

세종사람 김수현

2025년 12월 3일 초판 1쇄 펴냄

지은이 _ 김수현
펴낸이 _ 양문규
펴낸곳 _ 詩와에세이

신고번호 _ 제2017-000025호
주   소 _ (30021) 세종특별자치시 조치원읍 충현로 159, 상가동 107-1호
대표전화 _ (044)863-7652
팩시밀리 _ 0505-116-7653
휴대전화 _ 010-5355-7565
전자우편 _ sie2005@naver.com
공 급 처 _ 한국출판협동조합
주문전화 _ (02)716-5616
팩시밀리 _ (031)944-8234~6

ⓒ 김수현, 2025
ISBN 979-11-91914-98-6 (03810)